A psicose

PSICANÁLISE PASSO-A-PASSO
Direção: Marco Antonio Coutinho Jorge

Ver lista de títulos no final do volume

Andréa M.C. Guerra

A psicose

ZAHAR

Jorge Zahar Editor Ltda.
rua Marquês de S. Vicente 99 – 1º andar
22451-041 Rio de Janeiro, RJ
tel. (21) 2529-4750 | fax (21) 2529-4787
editora@zahar.com.br | www.zahar.com.br

Grafia atualizada respeitando o novo
Acordo Ortográfico da Língua Portuguesa

1ª reimpressão: 2012

Revisão: Sandra Mager, Eduardo Farias
Composição: Letra e Imagem
Capa: Sérgio Campante

CIP-Brasil. Catalogação na fonte
Sindicato Nacional dos Editores de Livros, RJ

Guerra, Andréa M.C.
G963p A psicose / Guerra, Andréa Máris Campos, 1971-. – Rio de Janeiro: Zahar, 2010.

(Passo-a-passo)

Inclui bibliografia
ISBN 978-85-378-0267-0

1. Psicoses. 2. Psicanálise. I. Título. II. Série.

CDD: 616.89
10-2388 CDU: 616.89

Sumário

“Não desejo suscitar convicção;
desejo estimular o pensamento e
derrubar preconceitos.”

Sigmund Freud

Introdução

A loucura sempre suscitou curiosidade, temor, atração. Desde a época em que os loucos eram confinados em embarcações errantes, conforme retratado na famosa tela "Nau dos loucos", de Hieronymus Bosch – que também remetia à própria marginalidade do pintor no período Clássico –, a loucura é associada aos medos mais profundos do homem, ao lado da morte. Mas também já foi cantada como elemento contingente da vida humana. Ao ser transformada em objeto de estudos pela psiquiatria, perdeu a dimensão de expressão da vida humana e reduziu-se a doença mental, transformando-se negativamente em patologia. Mesmo hoje, quando se trabalha pela inclusão social da diferença que a loucura porta em relação às fronteiras simbólicas que regulam a convivência humana, a linguagem e as excentricidades dos loucos ainda nos despertam o interesse em desvendar seus mistérios.

A psicanálise, em especial, se dedicou a essa tarefa. Desde sua invenção, com Sigmund Freud, a loucura, teoricamente denominada psicose, foi alvo de reflexões, tendo seus estudos avançado muito com o psicanalista francês Jacques Lacan. Freud acreditava que a psicanálise era contraindicada ao seu tratamento, dado que nas psicoses não se estabelece o laço de amor transferencial com o analista, essencial a uma análise. Lacan, por seu turno, psiquiatra de formação, dizia que não devíamos recuar diante da psicose, mas, antes, aprender com ela a reconhecer seu estilo e suas saídas. Ele discutiu a particularidade da manifestação da transferência nas psicoses constatando que ela se presentificava no tratamento analítico através de uma forma de amor que ele denominou erotomaníaca, a partir dos estudos freudianos. A erotomania implica uma forma de amor projetiva, exacerbada e delirante que precisa ser manejada a fim de que o psicótico possa produzir, durante seu percurso analítico, uma solução subjetiva.

Não há dúvida de que algo funciona diferente nas psicoses. O psicótico delira e parece inventar histórias com ou sem sentido, porém, sem substrato verídico, alucina imagens e sensações irreais, desconfia, deprime-se com virulência, chegando ao risco de um ato suicida. Enfim, parece operar numa lógica que nem sempre conseguimos apreender. É fato.

Muitas vezes, as soluções que os próprios psicóticos desenvolvem para tratar desses sintomas prescindem de um analista ou mesmo de um tratamento clínico. Em outras situações, a violência de suas manifestações é tal que exige uma intervenção imediata, o que nem sempre deixa ao sujeito uma possibilidade de manifestar-se. Que tudo isso não seja tomado como déficit foi a advertência que Lacan nos legou ao tomar ao pé da letra o que diziam os psicóticos. Assim como Freud já nos havia ensinado a realizar com as histéricas – com as quais descobriu o método clínico de escuta do inconsciente através da associação livre –, também Lacan se pôs a ouvir as produções dos psicóticos para delas extrair a direção para seu tratamento possível.

Foi a partir da constatação da diferença na linguagem e na forma de os psicóticos se posicionarem na vida e no laço transferencial que Lacan pôde discernir, nomear e articular com a clínica os vários caminhos percorridos por eles na trilha de sua estabilização. Ele apostou na sugestão de Freud de que uma mudança no método psicanalítico permitiria o atendimento das psicoses por psicanalistas. Paralelamente, Lacan também estudou casos que não recorreram a um tratamento clínico, buscando extrair deles um aprendizado sobre o uso de outros recursos na elaboração das saídas que esses sujeitos puderam construir, levando, assim, a teoria psicanalítica a avançar.

Estudando a situação de uma jovem senhora que atendeu no plantão do hospital psiquiátrico de Sainte-Anne, em Paris, quando ainda realizava sua formação médica, verificou que, em alguns casos de paranoia, o doente infligia-se uma punição de tal sorte que com esta cessavam seus delírios. Ele denominou esse quadro de paranoia de autopunição. Praticamente enquanto teorizava esse quadro clínico, através da discussão da história dessa mulher, Aimée, aconteceu na França um crime que ganhou notoriedade e recebeu, também de Lacan, uma análise. Tratava-se de um duplo assassinato cometido pelas irmãs Papin. Elas atacaram ferozmente sua patroa e a filha dela com utensílios domésticos como facas, abajures e ferros, chegando a arrancar os olhos da patroa e tomá-los nas mãos, como se se protegessem, dessa maneira, de seu olhar perscrutador e persecutório.

Lacan localizou nesse ato atroz uma tentativa de apaziguamento dos delírios que rondavam a dupla. Não que ele o tenha defendido. Mas, certamente, pôde extrair as consequências clínicas da passagem ao ato na psicose, que pode ser pensada como uma tentativa de extrair aquilo que, em excesso, inunda o sujeito de imagens alucinadas e de sofrimento. Entretanto, longe de favorecer o enlaçamento social do sujeito, o destrói. De qualquer maneira, estava colocada desde já a questão dos estilos que o sujeito busca para tratar seus impasses subjetivos.

Posteriormente Lacan retomou o clássico estudo freudiano acerca da solução delirante na psicose. Trata-se da análise do caso do presidente Schreber, o magistrado alemão que teve uma grave crise psicótica ao ser nomeado em seu país para um cargo semelhante ao de nosso ministro do Supremo Tribunal de Justiça. Com recorrentes crises hipocondríacas, Schreber se depara com um cargo impossível de ocupar – o de representante da lei –, dado seu modo peculiar de funcionar simbolicamente com o corpo e com a linguagem. Ele passa a ter alucinações que ganham um colorido delirante até o ponto em que se estabilizam na ideia de como seria bom copular com Deus e ser sua mulher para gerar uma nova raça de homens. Delírio que lhe confere uma lógica interna, não partilhada pelos demais, mas que, ao mesmo tempo, lhe permite reivindicar a retomada de suas atividades profissionais. Sabemos que não é raro o caso de profissionais competentes, pais zelosos e amigos leais que são psicóticos. E muitas das vezes sequer notamos que suas esquisitices são manifestações de um modo de ser muito singular.

Pretendemos discutir aqui também essas estranhas, porém eficazes estratégias, a fim de extrairmos orientações para a clínica psicanalítica com as psicoses ou apenas para, com elas, entendermos um pouco mais a lógica dessa estrutura clínica. Esse aprendizado nos desloca de uma posição histórica e culturalmente preconceituosa que construímos ao longo de nossas vidas. Desde a infância aprendemos que o "homem do saco" é o louco que vai nos roubar, ou identificamos a loucura a imagens de violência e debilidade que não correspondem ao que é mais comum em suas manifestações. Compreender a estrutura psicótica e as soluções nas psicoses nos auxilia a elucidar, com mais crítica, a diferença, e não a deficiência, desses sujeitos.

No final da vida, Lacan ainda introduziu algumas novidades conceituais em sua obra, exigindo uma sofisticação teórico-clínica que alcançou em cheio as psicoses. Convidado a comentar a obra do escritor irlandês James Joyce, ele sugere se tratar de um caso de psicose e apresenta toda uma nova abordagem da loucura através do uso de um recurso matemático: a topologia dos nós borromeanos.

Complicado? Sem dúvida. Mas a vida não é simples, nem a psicose. Com coragem, convidamos você, leitor, a entrar nesta floresta de ideias que, ao primeiro contato, parecerá mais selvagem e imperscrutável do que realmente é.

Como nos lembra a escritora Clarice Lispector, em *Água viva*, nem todo texto é para ser sobrevoado de perto, pois "ganha sua secreta redondez antes invisível quando é visto de um avião em alto voo. Então adivinha-se o jogo das ilhas e veem-se canais e mares". Boa viagem.

A psicose em Freud

Apesar de Freud ter contraindicado o tratamento psicanalítico das psicoses, ele realizou extenso estudo sobre essa estrutura clínica desde o início de sua produção, ainda em seus rascunhos e cartas, postumamente publicados. Certamente, porém, foi com o estudo do presidente Schreber, em 1911, que abriu a discussão sobre as estratégias de cura que os psicóticos podem construir. Invertendo a ideia de que o delírio seria um sintoma dessa estrutura clínica, ele formula o aforismo do *delírio como tentativa de cura*, ou de solução, nas psicoses. Ou seja, há um movimento do psicótico em direção à estabilização.

Sabemos que Freud não delimitou, com a clareza estrutural de Lacan, as soluções subjetivas que encontramos para tratar a impossibilidade de a linguagem apreender a experiência com o corpo e com a realidade. Neurose, psicose e perversão são os nomes das estruturas clínicas que foram finamente sendo isoladas como formas particulares de resposta do sujeito diante do impasse colocado pela castração ou, em outras palavras, por essa insuficiência da linguagem de dar conta da experiência pulsional. Entretanto, desde Freud, encontramos o traçado fundamental das fissuras que as determinam.

Em seus primeiros rascunhos, discutindo a paranoia, Freud a toma como *um modo patológico de defesa* e apresenta a proposta da psicose como resultante de um radical mecanismo de defesa inconsciente. Ele concebe o aparelho psíquico como sendo alimentado pelo afeto, investido nas representações. As representações das coisas são aquelas que se encontram como registro no sistema inconsciente. Do investimento energético nas representações que as coisas ganham no aparelho psíquico, somado ao investimento das representações das palavras, constitui-se a representação do objeto, utilizada pelo pensamento lógico, consciente e racional, e pela linguagem.

Lidamos com as representações de objeto ao falarmos e ao nos expressarmos. Porém, nem sempre elas se encontram dispostas da maneira como acabamos de explicar. A relação entre as representações conscientes e inconscientes do objeto pode se dispor de outras maneiras. Freud nos explica que, na esquizofrenia – um tipo clínico das psicoses –, as palavras podem ser tomadas como se fossem coisas. Haveria um superinvestimento nas representações das palavras como forma de suprir a não inscrição das representações das coisas no inconsciente. Dessa feita, as palavras são tomadas como coisas.

Freud decompõe a representação consciente do objeto em representação da coisa hiperinvestida através da ligação com a representação da palavra que lhe corresponde, articulando que, no inconsciente, permanece apenas a representação da coisa do objeto – ponto rejeitado na psicose. Daí extrai que o investimento das representações de palavras é retido na psicose, já que ele não faz parte da operação de rejeição. Ele representa, na verdade, a primeira das tentativas de restabelecimento, dirigidas à recuperação do objeto perdido. "E, pode ser que, para alcançar esse propósito, enveredem por um caminho que conduz ao objeto através de sua parte verbal, contentando-se com palavras em vez de coisas", nos diz.

Assim, por exemplo, um paciente psicótico, paranoico, que deseja ser um homem *direito*, com a missão de resgatar a honestidade perdida no delírio que tem acerca de sua família, candidata-se a uma vaga universitária de um curso de *direito*. Não há dialética, não há simbolização. Para ser um homem direito, ele precisa cursar direito. Ou, em outro caso, o sujeito deseja *construir* para si uma personalidade e, para isso, muda seu ramo de negócios de móveis usados para o de material de *construção*.

É essa a diferença determinante na psicose. O que é vivido como traumático, como afetivamente intenso pelo psicótico, não ganha uma representação capaz de favorecer o escoamento energético ou a vinculação desse excesso a uma ideia, a uma representação. As palavras são reais. Freud nos diz que o eu rejeita a representação incompatível juntamente com seu afeto e se comporta como se a representação jamais lhe tivesse ocorrido. Mas a partir do momento em que isso ocorre, temos uma psicose.

Na neurose, o conteúdo aflitivo é recalcado (ou mandado para o inconsciente, onde produz, dinamicamente, derivados), há recalque das exigências pulsionais. E o recalcado retorna, de maneira substitutiva, sob a forma de sintoma, seja no corpo, seja no pensamento, seja na forma de angústia. Há, porém, um laço simbólico que liga a formação sintomática ao conteúdo originalmente recalcado, diferentemente do que ocorre na psicose. Na psicose, é um fragmento desagradável da realidade que é rejeitado e substituído pelo delírio. Na neurose, por seu turno, as exigências pulsionais recalcadas são substituídas pela satisfação obtida com a fantasia inconsciente. A diferença entre a neurose (aqui pensada como a nossa normalidade) e a psicose (aqui equivalente à loucura) se localiza não no rompimento com a realidade, mas no caminho para restaurá-la.

A rejeição na psicose atinge a própria situação real, que nunca precisou se tornar consciente. Trata-se de uma defesa tão eficaz que nega a realidade mesma da percepção ligada à representação incompatível. Como essas ideias não são passíveis de alteração, seria o eu que a elas precisaria se adaptar, modificando-se. Na verdade, para Freud, tanto na neurose quanto na psicose, haveria perda da realidade. Na neurose, num primeiro momento haveria um *recalque* das *exigências pulsionais*, enquanto na psicose ocorreria uma *rejeição* do *fato desagradável* da realidade. Em qualquer dos casos, porém, haveria perda na relação com a realidade externa e posterior construção de uma saída diante dessa perda, seja pela fantasia, na neurose, seja pelo delírio, na psicose.

Com a releitura do caso Schreber, efetuada a partir da reflexão metapsicológica sobre o narcisismo, em 1914, Freud estabelece nova diferença entre as psicoses e as neuroses localizada na circunstância de que, nas primeiras, a libido, ou energia sexual, liberada pela frustração não permaneceria ligada a objetos na fantasia, mas se retiraria para o eu. Nesse sentido, a megalomania corresponderia ao domínio psíquico dessa última quantidade de libido, e seria assim a contrapartida da introversão para as fantasias, encontrada nos neuróticos.

Transferência nas psicoses a partir de suas modalidades clínicas

Como decorrência dessa defesa estrutural, cuja base é a retirada da libido dos objetos, haveria uma dificuldade, por parte dos psicóticos, de estabelecer o laço transferencial, essencial ao tratamento psicanalítico. Freud nos ensina que a regra de ouro da psicanálise, a única regra a reger o tratamento, é a associação livre. Nela, o sujeito se põe a falar, sem restrições ou prejulgamentos, tudo o que lhe ocorre à mente. É um método construído em decorrência do modo de funcionamento associativo do inconsciente.

Esse método opera tendo como pano de fundo a transferência, mecanismo no qual se dá o deslocamento do investimento libidinal insatisfeito para a figura do analista, com vistas à satisfação. O analisando inclui o analista numa das *séries psíquicas* através das quais estabelece um modo de *conduzir-se na vida erótica*. Na repetição desses afetos com seu analista, o sujeito pode trabalhar, a partir do inconsciente, suas fixações e sintomas de tal forma que – entre a linguagem e o corpo, entre a compreensão e a ação, entre ele e seu analista – o território da transferência se constitua naquele no qual as *batalhas analíticas* se realizam.

Em função de seu modo singular de estruturação, marcado pelo desinvestimento libidinal, os psicóticos são, para Freud, incapazes de estabelecerem o amor transferencial. Por conta dos efeitos subjetivos da operação de rejeição, a energia libidinal se volta para o corpo na esquizofrenia (autoerotismo), para o Outro na paranoia (narcisismo primário) e se dispersa no eu, escoando-se, pela identificação ao objeto perdido, na melancolia. Em outras palavras, os psicóticos seriam incapazes de investir na figura do analista.

Freud chega mesmo a denominar essas "patologias" (paranoia e esquizofrenia) de neuroses narcísicas, em oposição às neuroses transferenciais (histeria e neurose obsessiva). Por conta disso, contraindica a aplicação do método psicanalítico às primeiras e adverte o psicanalista do risco de um erro diagnóstico entre os dois grupos.

Na esquizofrenia, com o mecanismo de defesa que a constitui, "a libido (ou afeto) que foi retirada não procura um novo objeto e refugia-se no eu". Em outras palavras, os investimentos nos objetos são abandonados, "restabelecendo-se uma primitiva condição de narcisismo de ausência de objeto". A libido retorna para o corpo que, nesse caso, não encontra o apoio simbólico de uma imagem de unicidade. A experiência do esquizofrênico se desenrola em relação a um corpo despedaçado. Assim,

> a incapacidade de transferência desses pacientes (até onde o processo patológico se estende), sua consequente inacessibilidade aos esforços terapêuticos, seu repúdio característico ao mundo externo, o surgimento de sinais de um hiperinvestimento do seu próprio eu, o resultado final de completa apatia – todas essas características clínicas parecem concordar plenamente com a suposição de que seus investimentos objetais foram abandonados.

Encontraríamos, segundo Lacan, o vetor da transferência retornando ao próprio sujeito, e não dirigindo-se a um analista. O que faz supor que a transferência se encontra ausente nesse tipo clínico. É no corpo que o afeto não subjetivado no Outro simbólico do esquizofrênico retorna sob a forma de gozo. Já na paranoia, ainda com Freud, "onde a capacidade da transferência tornou-se essencialmente limitada a uma transferência negativa, deixa de haver qualquer possibilidade de influência ou tratamento". Freud, estudando o caso Schreber, supõe em sua base um amor homossexual: *eu* (um homem) *o amo* (outro homem). Esse amor homossexual ocupa a lacuna que o conceito de narcisismo (amor a si mesmo como objeto de investimento) – ainda não formulado na época – deixa em aberto.

A negação do verbo na frase – *eu o odeio* –, seguida de sua projeção, culminaria na gramática transferencial do paranoico: *ele me odeia*. Uma outra maneira de o amor transferencial se estabelecer na paranoia confere-lhe uma coloração erotômana. Nesse caso, a negação da frase se daria a partir da negação de seu objeto: *eu a amo*, que, por projeção, constituiria o *ela me ama*. As demais negações, respectivamente, do sujeito da frase e desta como um todo derivariam da gramática do delírio de ciúmes – *ela o ama* – e do delírio megalômano – *eu só amo a mim mesmo*.

Essa estrutura gramatical ganhará um contorno teórico novo com o desenvolvimento do conceito de narcisismo poucos anos depois, em 1914. A partir de então, Freud verifica uma regressão e uma fixação do paranoico no nível do narcisismo primário. O paranoico constitui-se como objeto de investimento, a partir da imaginarização de um eu unificado no corpo que opera de maneira especular com os outros. A especularidade e a ausência da inscrição da falta no campo do simbólico propiciam a subjetivação de um Outro denso, pleno e tirano, na paranoia. Assim, comumente, encontramos nesses casos a certeza psicótica que implica esse Outro não marcado pela falta, em relação ao qual o paranoico se toma como objeto da vontade de seu gozo. Há, pois, uma modalidade de transferência tipicamente persecutória ou erotômana a ser manejada conforme a coloração que ganha em cada caso.

Na melancolia, a dor de existir, como Lacan a nomeia, está associada a uma perda fundamental, à perda do ideal que encobriria a falta da castração no campo do Outro. Para Freud, ocorre na melancolia um *furo no psiquismo* que culmina numa *hemorragia de libido*. Para Lacan, esse também é o furo do gozo próprio à estrutura da linguagem.

A perda no nível do ideal liquida o investimento objetal e a libido livre é retirada para o eu, através de uma identificação com o objeto perdido. "A sombra do objeto (perdido) cai sobre o eu." No arranjo que o melancólico realiza, o ideal do eu ocupa o lugar da referência simbólica para o sujeito, suprindo a ausência ou foraclusão do referente simbólico que nos estrutura na linguagem e no laço social, conhecido como Nome-do-Pai, como veremos. E, se esse arranjo se abala, o eu perde esse revestimento narcísico, evidenciando seu status de objeto. A foraclusão, então, se desvela, deixando evidente o furo no simbólico.

Assim, uma perda objetal se transforma numa perda do eu, para o qual convergem as recriminações antes referidas ao conflito advindo da ambivalência na relação com o objeto. Às recriminações somam-se as autodepreciações e autoacusações, decorrentes do sentimento de culpa. Identificado ao objeto, o eu atrai a cólera do supereu contra ele. Daí pode até mesmo nascer um delírio de reconstituição do Outro, antes eliminado na melancolia, que julga e condena, deixando o sujeito à espera de um castigo. O Outro do tribunal aparece aqui como uma espécie de supereu.

De uma maneira geral, mas respeitando cada caso singularmente, a direção do tratamento com as psicoses parte da tentativa de operar alguma maneira de circunscrição do gozo e de intervenção sobre o Outro, já que a interpretação não está do lado do analista, mas antes do lado do sujeito. Desalojar o sujeito do lugar de subordinação ao Outro e buscar tomá-lo como sujeito capaz de resposta foi a aposta legada por Lacan. Outra via é a de favorecer uma circunscrição do gozo pela construção ou apropriação de objetos nos quais o gozo se adensa, deslocando-se do corpo do sujeito. Outra ainda é apontar um Outro castrado, que não pode tudo e que também falha, veiculando sua relativização.

Nesse sentido, o analista não ocupa a mesma posição com a qual trabalha com as neuroses. Nas psicoses, ele precisa se precaver de encarnar o Outro, buscando um lugar vazio de gozo que possa produzir um corte capaz de convocar o sujeito na psicose. É preciso barrar o gozo do Outro, criando intervalos nos quais o sujeito possa se alojar. Seja pela via imaginária, seja pela via simbólica, seja pela via real, orientar-se pelo estilo de construção de respostas de cada sujeito é o vetor que orienta a clínica das psicoses, após a coragem lacaniana de propor a elas um tratamento possível.

Retorno do gozo no corpo (esquizofrenia), retorno do gozo no Outro (paranoia) e perda permanente de gozo através do eu (melancolia) – as psicoses nos ensinam que os caminhos do tratamento possível com elas são muito complexos e variados. Somente ao final da vida – ao discutir as condições do final de uma análise –, Freud retomaria a questão do tratamento psicanalítico das psicoses, inaugurando uma nova possibilidade que reconfiguraria sua resistência à clínica com esses sujeitos. Ele afirma, então, que somente através de uma modificação do método psicanalítico, adaptado à linguagem e às condições de funcionamento das psicoses, estas poderiam ser acolhidas pela psicanálise. Foi nessa aposta que Lacan se fiou e com a qual hoje operamos.

Estabilização psicótica em Freud

No tocante às possibilidades de *cura* nas psicoses, conforme terminologia freudiana, ou de *estabilização*, como dizemos atualmente, Freud trouxe novidades determinantes no texto "Notas psicanalíticas sobre um relato autobiográfico de um caso de paranoia (*dementia paranoides*)". Neste, ele analisa o caso Schreber, provocando uma reversão inaugural e fundamental à leitura posterior da psicose. Além disso, lançou definitivamente princípios que orientam, até os dias de hoje, a investigação psicanalítica acerca do tema. Dois grandes enunciados se estabeleceram com esse texto:

a) em relação ao mecanismo estrutural da psicose, Freud afirma que "aquilo que foi abolido internamente retorna desde fora". O que permitiu a Lacan, décadas depois, afirmar que, na base da psicose, seu mecanismo não se resume a *um recalque por projeção*, mas a uma operação muito mais radical que ele denomina foraclusão, como exposta a seguir;
b) e, em oposição a uma interpretação fenomenológica da psicose, Freud subverte sua leitura apontando que "a formação delirante é uma tentativa de restabelecimento", e não a enfermidade propriamente dita, como era interpretada até então. Donde Lacan afirmar, textualmente, que não é de déficit que se trata na psicose, mas de produção de resposta. Para Lacan, "a liberdade que Freud se deu aí foi simplesmente aquela ... de introduzir o sujeito como tal, o que significa não avaliar o louco em termos de déficit".

Apesar de reafirmar que a projeção está na base da defesa psicótica – provocando uma ejeção dos sentimentos de autoacusação do paciente, que retornam sob a forma de acusações exteriores –, na análise do caso Schreber Freud altera substancialmente a descrição desse processo. Propõe que "é incorreto afirmar que a percepção suprimida internamente é projetada para o exterior; a verdade é, pelo contrário, que aquilo que foi abolido internamente retorna desde fora". Esse *desde fora* nos interroga. Como conceber que o que foi *internamente* abolido possa retornar de fora? Fora do aparelho psíquico? Fora da realidade? Fora do corpo do sujeito? Suportemos por enquanto essas questões...

Cabe ainda lembrar que o mecanismo de retirada do investimento da energia sexual no mundo externo coincide com o delírio do fim do mundo em Schreber. A posterior construção de seu mundo interno, realizada através do trabalho delirante que se presumia ser o produto patológico, é, na realidade, para Freud, *uma tentativa de restabelecimento, um processo de reconstrução*, ainda que nunca completamente bem-sucedido. Ou seja, onde supúnhamos a patologia, desenrola-se a cura. E esta, diferentemente do processo de adoecimento (que equivale à retirada do investimento nas pessoas e nas coisas e que acontece silenciosamente), é ruidosa no momento em que se realiza.

Daí Lacan extrai que, mesmo para Freud, a projeção já era insuficiente para explicar o "recalque" na psicose. Quando Freud aponta que é desde fora que retorna aquilo que foi internamente abolido, ele mesmo percebe que não se trata de um mecanismo projetivo. Como projetar, lançar de dentro para fora aquilo que não existe dentro? Se o conteúdo foi internamente abolido, nós estamos falando de uma representação primordial sobre o ser do sujeito psicótico que não encontra meios de significar-se, representar-se. Trata-se de uma defesa tão eficaz, que nega a realidade mesma da percepção ligada à representação incompatível. Será no caso do Homem dos Lobos, publicado em 1918, que Freud utilizará o termo alemão *Verwerfung* novamente para tratar dessa não inscrição de uma representação fundamental do sujeito, diferente da operação do recalque para a neurose.

Nos artigos metapsicológicos, que escreve em torno de 1915, desdobra a discussão do lugar da palavra na esquizofrenia e propõe uma diferenciação entre esquizofrenia e paranoia a partir do ponto de fixação erótico. Na esquizofrenia, haveria uma fixação na posição autoerótica, que não pressupõe a unidade imaginária e simbólica do corpo. O sujeito vive, primordialmente, uma relação autoerótica com o corpo, obtendo prazer a partir de seus pontos de satisfação (zonas erógenas). É preciso uma ação psíquica para que o corpo ganhe a consistência de uma unidade e o sujeito possa investir nele como um objeto. Trata-se do narcisismo primário. Através dele o eu se conforma como primeiro objeto de investimento libidinal. A partir daí, pode investir em outros objetos do mundo externo (narcisismo secundário). Freud observa que na esquizofrenia há uma fixação na posição autoerótica, enquanto na paranoia há uma fixação no narcisismo primário. Finalmente, apresenta a diferença entre luto e melancolia que contribui decisivamente para a discussão dos transtornos de humor na atualidade.

Como vimos, o problema da psicose não seria o da perda da realidade, mas o do expediente daquilo que vem substituí-la. Em outras palavras, devemos seguir os caminhos que o próprio sujeito encontra para tratar daquilo que escapa na sua condição de ser falante. A diferença entre as estruturas clínicas diz respeito exatamente à maneira como cada uma delas irá, num segundo momento, recompor essa relação. Na neurose, um fragmento da realidade é evitado por uma espécie de fuga, mas o neurótico não repudia a realidade, apenas ignora-a, recalcando o conteúdo aflitivo. Já na psicose, a realidade é remodelada, o psicótico a repudia e tenta substituí-la, transformando-a a partir de precipitados psíquicos de antigas relações com ela. Assim, na psicose, o substituto tenta colocar-se no lugar da realidade, enquanto na neurose liga-se a um fragmento dela, conferindo-lhe uma importância especial e um significado secreto, simbólico porque substitutivo, sintomático.

Enquanto Freud situa na psicose um remodelamento da realidade, veremos Lacan apontar um "remodelamento" de toda a sua teoria *a partir* da psicose na década de 70. Assim, podemos, enfim, quanto ao campo das estabilizações psicóticas, concluir que Freud apresenta suas soluções pela via do trabalho delirante. E mesmo não tendo desenvolvido um comentário acerca do ato ou da criação artística na psicose, como Lacan o fez, despertou um novo olhar sobre questões relacionadas à arte *stricto sensu*. Tal é o caso da relação entre o sentido e a obra, quando, por exemplo, se pergunta, no texto sobre o Moisés de Michelangelo: "Por que a intenção do artista não poderia ser comunicada e compreendida em palavras, como qualquer outro fato da vida mental?"

Freud já esboça que há um insondável, um impossível de dizer, uma cifra, enfim, na produção artística que a orienta por outra via que não a estritamente simbólica. Algo escapa à produção artística que não pode ser inteiramente dito em palavras. E é desse real que Lacan tratará ao estudar Joyce, como veremos em seguida, oferecendo-nos novos subsídios para pensar a estabilização nas psicoses. Será, portanto, com Lacan que veremos surgir novas proposições acerca das soluções construídas pelos psicóticos para tratar dessa dimensão insondável do humano. Vamos a elas.

A psicose em Lacan

Na década de 50, Lacan articula o mecanismo fundante da psicose a uma operação significante, ou, em outros termos, a uma operação simbólica que ocorre no nível da linguagem. Para ele, distinguir as relações do sujeito com a estrutura, enquanto estrutura significante, implicou ressignificar essa noção de defesa. Em Freud, ela implicava um processo mais amplo que o do recalque (*Verdrängung*), englobando outras estratégias e mecanismos, quais sejam, a rejeição (*Verwerfung*), na psicose, e a recusa (*Verleugnung*), na perversão. Para Lacan, o efeito dessa defesa constitutiva modifica a relação do sujeito com a linguagem no momento mesmo de sua constituição.

Em Freud, encontramos que o pensamento e a função do julgamento só se tornam possíveis a partir da criação do símbolo da negativa, que dota o pensar de uma primeira medida de liberdade das consequências do recalque. Na origem do pensamento humano, daquilo que possibilita a ordem do discurso, Freud supõe duas funções, o juízo de atribuição e o juízo de existência. O juízo de atribuição implica introjetar o que é bom e ejetar o que é mau, instituindo, respectivamente, um dentro e um fora. É bom, quero comê-lo, sou eu; é mau, quero cuspi-lo, é não-eu.

A segunda função do juízo, a do juízo de existência, não mais diz respeito a algo percebido (uma coisa) que deva ou não ser acolhido no eu, mas se refere ao fato de que algo existente no eu como *representação* possa ser reencontrado também na *percepção* (realidade). O não-real, apenas representado, subjetivo, está só dentro, enquanto o outro, real, também existe fora. A oposição entre subjetivo e objetivo não existe, pois, desde o início. Donde, para a psicanálise, nem sempre a realidade psíquica coincide com a realidade factual.

O objetivo primeiro da prova de realidade, assim, não seria *encontrar* na percepção real um objeto que corresponda ao representado, mas *reencontrar* tal objeto, desde sempre perdido. É nesse intervalo, entre o objeto da percepção, desde sempre perdido, e a representação, que o inconsciente se institui como diferença, como estrutura que porta esse hiato.

A importância da função do julgar reside no fato de que ela é uma ação intelectual que decide sobre a escolha da ação motora, pondo fim à protelação do pensamento. Ela conduz do pensar ao agir. Além disso, o julgar é também uma continuação do processo original através do qual o eu integra coisas a si ou as expele de si, de acordo com o princípio de prazer. Freud chamou de afirmação (*Bejahung*) e de denegação (*Verneinung*) o movimento dessa função que se realiza em dois tempos. A afirmação (*Bejahung*) implica que, ao mesmo tempo em que se afirma uma inscrição no aparelho psíquico, outra seja expulsa (*Ausstosung*). Assim, a expulsão (*Ausstosung*) confirma a afirmação (*Bejahung*) e a efetiva.

Na discussão do texto freudiano sobre a negativa, que empreende em um de seus seminários, Lacan reafirma a dimensão fundadora da ordem simbólica na *Bejahung*. Para que um sujeito não queira saber de algo no sentido do recalque, é preciso que esse algo tenha vindo à luz pela simbolização primordial. E, como no mesmo movimento em que algo é introduzido no sujeito algo é expulso e resta fora, constitui-se uma dimensão no sujeito humano que a representação não atinge: o real, na medida em que ele é o domínio do que subsiste fora da simbolização.

O que se passaria, então, numa psicose? A hipótese de Lacan, no seminário que dedicou às psicoses, em 1955-56, é a de que previamente a qualquer articulação simbólica, haveria uma etapa em que uma parte da simbolização não se efetivaria na psicose. Na neurose, por um lado, teríamos uma representação que se inscreve e, recalcada, deixa livre o afeto a ela correspondente, produzindo derivados que retornam com um revestimento simbólico e substitutivo. Dessa maneira, pode novamente aceder à consciência. Já na psicose, algo de primordial quanto ao ser do sujeito não ganha representação, sendo, antes, rejeitado, foracluído. Na relação do sujeito com o símbolo, há a possibilidade de uma *Verwerfung* primitiva, de uma rejeição originária. E o que não foi simbolizado vai se manifestar no real, retornar no real (registro do irrepresentável).

Para Lacan, no interior da *Bejahung* podem acontecer todas as espécies de acidente. Ele, então, propõe que na psicose, ao nível da *Bejahung* primitiva, estabelece-se uma primeira dicotomia: o que teria sido submetido à *Bejahung*, à simbolização primitiva, terá diversos destinos, e o que cai sob o golpe da *Verwerfung* terá outro. Haveria, portanto, na origem, *Bejahung*, isto é, afirmação do que é (e pode posteriormente ser recalcado ou desmentido), ou *Verwerfung*, rejeição, foraclusão.

Aquilo que é afirmado ou rejeitado diz respeito a uma representação e incide sobre a articulação pulsional. Retomando a linguística estrutural de Ferdinand de Saussure, Lacan nos informa que é ao significante que se refere a *Bejahung* primordial. Lacan lembra que o significante é expressamente isolado como termo de uma percepção original, sob o nome de signo, *Zeichen* no alemão, como trabalha Freud na Carta 52 que escreve ao médico e amigo Wilhelm Fliess. Nessa carta, grande precursora da metapsicologia psicanalítica, é possível localizar as negações constitutivas do sujeito evidenciadas por Freud, que culminam na passagem da percepção à representação inconsciente e desta à consciência, como atesta o gráfico abaixo:

W	-	Wz	-	Ub	-	Vb	-	Bews
Wahrnehmungen		*Wahrnehmungszeichen*		*Unbewusstsein*		*Vorbewusstsein*		*Bewusstsein*
(percepções)		(registro da percepção) primeiro registro		(traços do inconsciente) segundo registro		(pré-consciência) terceiro registro		(consciência)

Articulada, pois, ao significante, a operação constitutiva da psicose, a *Verwerfung*, será tida por Lacan como foraclusão do significante primordial que veicula a Lei e a condição do desejo, e que ele denomina significante Nome-do-Pai. No ponto em que o Nome-do-Pai estaria inscrito, na psicose responde no Outro um puro e simples furo. Trata-se de uma inscrição que não se faz, ao contrário da *Bejahung*, que implicaria exatamente a inscrição desse significante primordial.

Lacan retomará a discussão do termo *Verwerfung* em seu primeiro seminário público. Aí ele define a *Verwerfung* como supressão (*retranchement*, em francês), cujo efeito seria uma abolição simbólica, tal qual Freud relata no caso do Homem dos Lobos. Dois seminários depois, ao tratar das psicoses, atrela a *Verwerfung* à não inscrição do significante do Nome-do-Pai, tomando agora sua tradução francesa pelo termo "foraclusão", forma de negação discutida pelos gramáticos Pichon e Damourette, dos quais Lacan tomou emprestado o termo.

Ainda no universo do direito francês, a figura jurídica da "foraclusão" implica a perda do prazo para interpor uma ação, cujo interesse existe de fato, porém não mais de direito. Dito de outra forma, o fato criminoso ocorreu, mas como não se opôs a ele uma ação jurídica no tempo previsto, é como se ele não existisse no plano formal. No Brasil, o termo jurídico mais próximo seria "preclusão". Entretanto, o que está em jogo aqui é a versão apresentada, por Lacan, para o termo, qual seja, uma operação não se inscreveu em tempo hábil, tornando caduca sua função e inoperantes, simbolicamente, seus efeitos. Os efeitos dessa carência significante retornam como gozo no real.

Podemos, então, pensar que a foraclusão ou a *Verwerfung*, ao implicar uma não representação de uma marca perceptiva inaugural, a modificaria estruturalmente, tornando-a real. Isso ocorre na medida em que esse dentro inaugural é expulso, ou seja, na medida em que, apesar de a percepção receber uma primeira indicação, um primeiro registro, ela não pode se transformar em lembranças conceituais por falta da inscrição que amarraria a função da exceção do Pai e que corresponde a um traço inconsciente, o traço unário. Daí termos como resultado um estado de percepção que não passa ao estado de representado. O próprio significante sofre profundos remanejamentos. É desse exterior, desde que pensado como remetido a uma não inscrição, que se dá o "desde fora" freudiano. Podemos agora articular com mais precisão aquilo que, *abolido internamente, retorna desde fora*: o que não se escreve simbolicamente pelo contorno significante retorna sob a forma de alucinação no real.

A operação alteraria a própria maneira como as marcas se inscrevem, tornando-as reais e fazendo coincidir o real com o inconsciente. Daí o psicótico recorrer a palavras em vez de coisas, como vimos, pois são elas que, ainda que esvaziadas de sentido, encontram-se à sua disposição, como na construção delirante em que se dá a tentativa de lhes conferir uma significação inventada e originalmente ausente.

Essa significação essencial ausente diz respeito ao sujeito na medida em que é o ponto no qual o significante Nome-do-Pai, não tendo se inscrito, mas estando foracluído no lugar do Outro, não permite ao sujeito nomear-se, nos ensina Lacan. O não ausente do inconsciente é o não outrora significado pelo Pai como interdição, condição do desejo. Nesse ponto faltoso, ponto de apresentação de uma questão impossível de o psicótico formular sobre seu ser – quem sou eu? –, articula-se uma resposta que provém do real, "de fora". É de resposta, portanto, e não de projeção que se trata na psicose. É importante entendermos o que se opera como defesa nesse nível para que possamos discutir adiante as diferentes maneiras que o sujeito pode inventar para cuidar dos efeitos que restam dessa operação constitutiva.

A irrupção da psicose, ou o desencadeamento psicótico, ocorre justo quando, acidentalmente, surge uma questão sobre o seu ser, ou seja, quando o Nome-do-Pai foracluído, isto é, jamais advindo no lugar do Outro, é ali invocado em oposição simbólica ao sujeito, numa posição terceira em uma relação que tenha por base a relação imaginária, dual e especular. Lacan se vale de um esquema, conhecido como esquema L, para explicar a relação de oposição entre simbólico e imaginário nas psicoses.

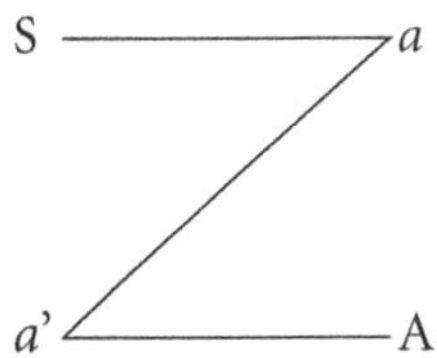

No esquema acima, o sujeito, S, comparece como existência inefável, referida ao campo simbólico que a antecede e determina, A. O A diz respeito ao grande Outro – "outro", em francês, é *autre* – campo da linguagem, do tesouro dos significantes. A partir dele, a questão acerca da existência do sujeito se formula sob a forma de "que sou eu nisso?" – referente ao seu ser e ao seu sexo. O Outro se articula sob a forma de significantes particulares. Esses significantes se ordenam em cadeia – como alteridade em relação ao sujeito –, constituindo sua estrutura a partir da introdução do significado que neles deposita significação. Há, portanto, uma alienação fundante do sujeito, S, em relação ao campo do Outro, A. E é a partir dessa relação simbólica que ele se estabelece como eu, *a'*, e pode, então, investir nos objetos, *a*.

Assim, a relação *a-a'*, imaginária e especular, na qual o sujeito se projeta, apoia-se e se opõe, ao mesmo tempo, à relação simbólica S-A, decorrente do atravessamento edípico e da incidência da lei paterna. Operação necessária para a separação do sujeito do campo do Outro, ao preço de uma perda fundamental sob a qual o sujeito constrói uma posição, uma resposta para o enigma de seu ser. Essa perda diz respeito àquilo que o sujeito jamais alcança pelo significante, ao ponto em que a linguagem é insuficiente para dar conta do organismo, da libido, da vida. Diz respeito, portanto, ao ponto sobre o qual o sujeito se perde de si mesmo e parte, então, para significar-se no campo do Outro, condicionado pelo desejo materno que o antecede e pela incidência, nele, da lei da linguagem veiculada pelo Nome-do-Pai.

É desse ponto enigmático e inefável que ele parte para se representar, inscrevendo-se, a partir daí, como ser de linguagem. O corolário, no nível especular, se apresenta na maneira como ele repete essa posição em relação aos seus objetos. Essa inscrição condiciona as relações do sujeito a partir de então. É desse ponto de fuga e posterior inscrição que seu ser se escreve como de linguagem.

É exatamente essa operação que não se realiza nas psicoses. Essa condição fundante, estando ausente, achata o esquema L, fazendo coincidir o sujeito à imagem de si (S-*a*'), e o Outro aos objetos (A-*a*) com os quais se relaciona. O nível imaginário não se remete ao campo simbólico que desenharia seus contornos, assim como o real não estaria aí costurado, ficando o inconsciente a céu aberto. A ausência estrutural do Nome-do-Pai, sua não operatividade no Édipo, provoca, como efeito, uma coincidência entre os campos do imaginário e do simbólico, como se o ser se resumisse ao seu organismo ou à sua própria imagem. Há uma alteração no nível mesmo da estruturação do sujeito na linguagem.

Dessa maneira, tanto uma prova de vestibular, quanto o advento da paternidade, uma promoção profissional ou a perda de um ente querido, podem desencadear uma psicose. A condição estrutural, simbólica – a falta de inscrição do Nome-do-Pai –, já está lá. Não há aquele ponto de alienação fundamental a partir do qual o sujeito teria construído uma resposta simbólica ao enigma de seu ser, separando-se do Outro pela perda estrutural incluída nessa resposta no nível do corpo e da linguagem.

O sujeito se encontra a céu aberto, banhado pela linguagem não domesticada que aparece na forma de objetos que o atormentam (A-*a*). Na grande maioria dos casos, o sujeito se encontra apoiado em identificações imaginárias, como, por exemplo, a de funcionário perfeito. Se essa imagem especular vacila – numa demissão ocasional –, ele não possui outros recursos para responder sobre quem é, sobre o enigma de seu ser, justamente por carecer da inscrição de um referente simbólico a partir do qual ele se significaria.

Daí, para que ocorra o desencadeamento psicótico, é preciso o encontro com um fato concreto que induza à desestabilização imaginária (quebra da identificação na qual o sujeito se apoiava imaginariamente no eixo *a-a*'). E, como consequência, que convoque simbolicamente o sujeito ali onde ele não encontra meios de significar seu enigma (eixo transversal S-A). Ficam, assim, expostas as condições para a *manifestação* da psicose, que já se encontrava estruturada.

Para o Lacan dos anos 50, o psicótico estaria desprovido da possibilidade de fazer funcionar uma denegação em relação ao fenômeno que se desencadeia no real, incapaz de fazer dar certo a *Verneinung* [denegação] com relação ao acontecimento. O que se produz, então, é uma reação em cadeia ao nível do imaginário, uma cascata de remanejamentos imaginários. Já no final da década de 60, Lacan apresentará o livro de Schreber apontando que Freud ali se deu a liberdade de introduzir o sujeito, não avaliando o louco em termos de *déficit* ou de dissociação de funções.

Além disso, Lacan não reconhece como simples delírio o trabalho de estabilização, mas antes como um processo que constitui o delírio enquanto metáfora que faz as vezes da metáfora paterna, em sua função de nomeação e de escrita de si, conforme será apresentado adiante. A subversão freudiana, ao localizar no delírio a tentativa "ruidosa" de cura e não uma manifestação psicopatológica, permitiu a Lacan formalizar, a partir da discussão sobre a operação simbólica da metáfora paterna, uma das soluções psicóticas. Os recursos dos psicóticos são muitos e variados, mas nem todos operam com a mesma eficácia.

Assim, vemos que o retorno do foracluído marca a ausência da escrita e da rememoração, materializando a exterioridade do simbólico e da linguagem na psicose. Essa modulação do retorno implica, para cada sujeito, uma maneira particular de lidar com o real, exigindo do analista ou técnico de saúde mental a sustentação de uma posição de aprendiz diante da psicose como orientação ao seu tratamento possível. O que se passa no nível da foraclusão determina as estratégias que o sujeito desenvolverá para lidar com sua psicose após seu desencadeamento.

Apresentada a constituição do sujeito na psicose, é preciso, pois, antes de prosseguirmos, entendermos de que maneira o sujeito pode ser afetado a ponto de se desorganizar psiquicamente. Trata-se, como acabamos de verificar, do fenômeno que Lacan denominou de *desencadeamento* da psicose. Nele localizamos elementos que serão, posteriormente, essenciais ao trabalho de reconstrução subjetiva, donde sua importância para nossa reflexão. Vamos conferir.

O desencadeamento psicótico

Ainda que Lacan já fale de comportamento desencadeado em seu estudo sobre o Homem dos Lobos, em 1951 e 1952, quando ainda ministrava seminários em sua própria casa, o termo será elevado à categoria de conceito somente com a análise do caso Schreber, no seminário dedicado às psicoses, em 1955-56. Ao discutir a relação entre o *moi* (eu especular) e a pulsão sexual, Lacan relembra, em relação ao Homem dos Lobos, que ele possui uma vida sexual realizada. E sobre ela diz tratar-se de um ciclo de comportamento que, uma vez *desencadeado*, vai até o fim, estando entre parênteses em relação ao conjunto da personalidade do sujeito.

Como se vê, o desencadeamento aqui ainda não ganha ares de conceito, funcionando simplesmente como adjetivo.

Diferente tratamento é dado ao termo no seminário sobre as psicoses. Aí, Lacan reúne as condições clínicas do desencadeamento, assentado na teoria estruturalista e no registro da fala e da linguagem. Para ele, a primeira condição do desencadeamento seria o acidente no registro da linguagem que implica a foraclusão do significante da Lei, o Nome-do-Pai, no lugar do simbólico. Esse acidente provoca um fracasso da metáfora paterna e deixa o sujeito habitado e invadido pelos fenômenos de alteração de código e de mensagem, característicos da psicose.

O segundo aspecto diz respeito à quebra da identificação imaginária que mantinha o sujeito articulado a uma imagem, apoiado. "Seja qual for a identificação pela qual o sujeito assumiu o desejo da mãe, ela desencadeia, por ser abalada, a dissolução do tripé imaginário." É preciso que seja tocada exatamente a identificação através da qual o psicótico assumiu o desejo da mãe. Quando a via que sustenta essa identificação na constituição subjetiva do psicótico é abalada, a segunda condição do desencadeamento se realiza.

A terceira condição implica a convocação do Nome-do-Pai foracluído em oposição simbólica ao sujeito. Mais uma vez é no detalhe que reside a sutileza dessa terceira condição. A casualidade dos acontecimentos na vida do psicótico só conduz a um desencadeamento se toca o ponto no qual falta "nada mais nada menos que um pai real, não forçosamente, em absoluto, o pai do sujeito, mas Um-pai". É preciso ainda que esse Um-pai venha no lugar em que o sujeito não pôde chamá-lo antes. Para isso, basta que esse Um-pai se situe na posição terceira em alguma relação que tenha por base o par imaginário e complementar *a-a'*, isto é, eu-objeto ou ideal-realidade.

O encontro contingente dos fatos da vida com a determinação subjetiva da foraclusão, somado ao consequente desarranjo identificatório, caracteriza a *conjuntura dramática* que Lacan localiza no momento do desencadeamento. Podemos, assim, destacar, respectivamente, as três condições para o desencadeamento na psicose: a) condição estrutural – foraclusão do Nome-do-Pai; b) quebra da identificação imaginária; c) condição específica – encontro com Um-pai.

Desencadeada a psicose, o sujeito começa a trabalhar na reconstrução de seu mundo. É quando suas soluções fazem barulho e exigem resposta. Vejamos.

Abordagem lacaniana das estabilizações psicóticas

Lacan, ao tratar das diferentes possibilidades de saída na psicose, localiza mais dois movimentos subjetivos, além do trabalho delirante já destacado por Freud: a passagem ao ato e a obra (escrita). Apesar de essas soluções aparecerem em experiências singulares de sujeitos distintos e únicos, delas é possível extrair princípios universais que podem facilitar, caso a caso, a leitura e a condução clínica das soluções que encontramos em nossa prática no consultório e nas instituições. Sabemos, por outro lado, que muitas vezes esses caminhos traçados pelos psicóticos em suas saídas prescindem da presença de um analista ou de um dispositivo institucional de cuidados, além de envolverem diferentes mecanismos e trabalhos psíquicos. Sua análise, entretanto, pode servir de esteio para pensarmos seu tratamento.

Foram três os momentos principais em que Lacan se dedicou ao tema: 1) em sua tese de doutoramento, em 1932; 2) no seminário *As psicoses*, de 1955 a 1956, e no texto daí decorrente, "De uma questão preliminar a todo tratamento possível na psicose", escrito entre 1957 e 1958; 3) e, finalmente, no seminário *O sinthoma*, pronunciado entre 1975 e 1976, e em que discorre sobre Joyce.

Na verdade, essa divisão é formal na medida em que, tal como com Freud, o avanço da teorização de Lacan se desdobrou ao longo de seu ensino a partir de circunvoluções em torno dos conceitos freudianos fundamentais da psicanálise, os quais ele enriquece. Ainda que formal, entretanto, essa divisão nos interessa, pois permite sistematizar algumas das soluções nas psicoses.

Quanto ao terceiro aspecto, a obra, ela pode ser tomada, seja como escrita, conforme o estudo sobre Joyce nos ensina, seja como pintura, tal qual o caso de Van Gogh testemunha. Nas duas situações, o que se destaca é um trabalho do real sobre o real através da produção de uma obra inaugural, inédita. Abre, pois, um precedente para se pensar a criação artística como uma saída na psicose.

A título de complementação, é importante lembrarmos que, além dessas três soluções observadas e discutidas por Lacan, também as sublimações criadoras, a identificação imaginária e a própria transferência podem funcionar como veículos que favorecem a estabilização na psicose. A identificação imaginária comparece menos como trabalho subjetivo e mais como fenômeno que pode favorecer uma forma precária de apaziguamento. A sublimação criadora, por seu turno, se aproxima da metáfora delirante e, diferentemente dela, faz pacto, laço, sentido para o campo social, como no caso de Jean-Jacques Rousseau com sua obra filosófica. E, enfim, a transferência, que pode ganhar diferentes matizes, como vimos, favorece o vínculo do sujeito a uma pessoa ou a um serviço de atenção, abrindo a possibilidade da circulação social e do enlace simbólico. Em alguns casos, entretanto, é preciso trivializar esse vínculo, que, adensado, pode comprometer um tratamento.

Acompanhar essas soluções nos permitirá a construção do percurso que alimenta a ideia de que, longe de ser um sujeito deficitário e precário, o psicótico inventa saídas e encontra soluções aos embaraços que sua posição particular na linguagem provoca.

Estabilização psicótica e ato

Ao trabalhar o ato como solução na psicose em sua tese de doutoramento, Lacan o associa ao mecanismo de autopunição, característico do tipo de paranoia que estabelece.

Apesar de ser considerada pelo psiquiatra e psicanalista francês Paul Bercherie como a última grande obra nosológica da psiquiatria de nossos tempos, Lacan insiste que o caso apresentado em sua tese, o de Aimée, é apenas um protótipo que permite classificar outros quadros análogos em termos de fenômenos elementares, evolução e prognóstico. A paciente estudada, por motivação delirante, desfecha um golpe de faca contra uma famosa atriz parisiense que, ao se defender, tem dois tendões seccionados. A posição de Aimée em relação à certeza do ato permanece a mesma por 20 dias depois de presa, quando, então, cessa seu delírio.

Segundo Lacan, essa reação acontece somente após Aimée ser abandonada e reprovada pelos seus e confundida com os delinquentes com os quais ficou confinada. Enfim, quando realiza em si mesma seu castigo. Com o ato, atinge, paradoxalmente, a si própria, sentindo alívio afetivo (choro) e a queda brusca do delírio. Pelo mesmo golpe que a torna culpada diante da lei, Aimée atinge a si mesma. E, quando ela o compreende, sente então a satisfação do desejo realizado: o delírio, tornado inútil, se desvanece. A natureza da cura demonstraria a natureza da doença.

Nesse período, Lacan não havia ainda estabelecido as diferentes vertentes do ato – passagem ao ato, *acting-out* e ato analítico – e ainda ingressava na psicanálise. Sabemos que, em Freud, essa distinção quanto ao estatuto do ato sequer é levantada. Para ele, que trata apenas do *acting-out* na neurose, seu aparecimento é a marca da emergência do recalcado, manifestando-se, quando em análise, em relação à transferência e, mais especificamente, com a colocação em ato daquilo que o sujeito não recorda do que recalcou.

Lacan vai estruturando ao longo de seu ensino coordenadas lógicas que permitem diferenciar o *acting-out* da passagem ao ato. É possível escandir em três tempos o desenvolvimento ulterior proposto por Lacan para o tema: 1) no texto "A direção da cura e os princípios de seu poder", de 1958, cujo traço central é a análise do *acting-out* como relativo à intervenção do analista, a partir de um caso de neurose; 2) no seminário *A angústia*, de 1962, em que, apoiado no caso freudiano de uma jovem homossexual, estabelece uma clínica diferencial entre *acting-out* e passagem ao ato, articulando-os com a angústia e o objeto; 3) e, finalmente, quando estabelece a noção de ato analítico e a desenvolve em seu *Seminário 15*, de 1967-68.

No seminário sobre a angústia, Lacan concebe a dimensão do agir, independentemente da estrutura clínica, em duas grandes vias, a do significante (ou do Outro), concernente ao *acting-out*, e a do objeto, referida à passagem ao ato. Esta última, a que interessa à nossa investigação diretamente, consistiria em separar a vida de sua tradução, de sua transposição no Outro, momento em que não se faz possível nenhuma mediação, mas que traz um caráter resolutivo.

Apesar de haver uma causa posta em jogo, ela não pode ser interpretada, pois não se inscreve no campo do simbólico. Sua causa conjuga-se com o objeto, que é inassimilável pelo significante e concerne ao gozo. Diz respeito ao ponto que Lacan situa como sendo a causa e o efeito da cadeia de significantes, aquilo que provoca seu deslize na busca de sentido e dela cai pela impossibilidade de tudo se reduzir ao campo semântico. E ele denominou esse ponto de causa de objeto *a*. O sujeito sai de cena no momento da passagem ao ato. No *acting-out*, ao contrário, o sujeito endereça seu ato na expectativa de uma resposta do Outro.

Na psicose, em especial, não se dá a extração do objeto *a* e, por conseguinte, a castração não opera seus efeitos de organização simbólica. Além disso, não se constitui a tela da fantasia projetivamente a partir do ponto de ausência do simbólico. Esse ponto foge à perspectiva da linguagem e, na neurose, seria ocupado pela significação do falo, o significante da ausência, como testemunha da inscrição da castração.

No lugar dessa tela protetora da neurose, encontramos na psicose o sujeito diante do real da castração sem mediações. A cena montada na fantasia, como proteção ao mal-estar da falta de sentido da existência, não pode ser referida ao psicótico, posto que ela diz respeito à resposta ao horror decorrente do objeto que cai como o impossível de significar no complexo de castração, o objeto *a*. Tela que enquadra a realidade, desdobrando-se na relação simbólica com o significante; véu sobre o qual pinta-se a ausência. Para Lacan, essa cortina assume seu valor e sua consistência justamente por ser aquilo sobre o que se projeta e se imagina a ausência. É daí que o falo adquire seu valor simbólico.

É o Nome-do-Pai que limita e esvazia o gozo do Outro, separando o gozo do corpo e fundando o sujeito capaz de desejar. O psicótico, que foraclui o Nome-do-Pai, terá sempre o Outro presentificado, invadindo suas relações, como atestam as alucinações. Sabemos que a castração implica o recorte de gozo que, localizado, separa o sujeito do campo do Outro. Por conta da não extração do objeto *a* na psicose, o gozo, não articulado e contido pela linguagem, retorna como real em excesso. Assim, o psicótico permanece identificado à posição de gozo do Outro, oferecendo-se ele próprio como objeto no lugar da falta que não se inscreveu pela castração.

Podemos supor que é desse objeto – duplicado na relação imaginária com o outro e estando ali como que em excesso – que o sujeito tenta se desvencilhar na passagem ao ato na psicose. É como se realizasse pelo ato o efeito de separação que o simbólico operaria pela linguagem, qual seja, o efeito de negativização e individualização do ser, de morte pela palavra. Podemos mesmo pensar que a mutilação real surge em proporção à falta de eficácia da castração. Quando o objeto não é chamado a complementar a falta fálica, quando é unicamente o duplo especular do sujeito, torna-se sinônimo de morte.

Assim, a passagem ao ato na psicose pode ser interpretada como uma tentativa de realizar a castração simbólica pelo real. O psicótico tenta obter a extração desse objeto, desse ponto de gozo que o invade e submete. Ao mesmo tempo, trata-se de uma separação radical do Outro. Extrair esse objeto – que é ele mesmo do campo do Outro – representa para o sujeito uma possibilidade de libertação, e vem conjugada com a certeza de que só o próprio ato poderia lhe conferir. Solução que, longe de favorecer o laço social, desfaz suas possibilidades, posto que, auto ou heteromutilador, o ato redunda em agressividade, violência e, algumas vezes, crime. Estratégia de estabilização, portanto, que não encorajamos na clínica com a psicose. Podemos, no máximo, aprender com o ato na psicose o que, de sua essência, pode nos auxiliar a pensar o campo das estabilizações, qual seja, que há um excesso a ser subtraído na economia psíquica do psicótico. Esse excesso que não caiu sob a forma de objeto *a* invade e exige a construção de uma barreira, sua extração real ou simbólica ou, ao menos, sua localização. Fiquemos por enquanto com essas indicações clínicas antes de passarmos às outras formas de solução na psicose.

Estabilização psicótica e metáfora delirante

Antes de terminar a formulação da noção de objeto *a*, no início dos anos 60, Lacan trabalhou o delírio como solução psicótica correlativa à operação da metáfora paterna e equivalente à suplência ao Nome-do-Pai foracluído. A década anterior, período de sua formulação, é caracterizada pela primazia do simbólico e do poder do significante, sendo a estrutura da linguagem a base para sua formulação, ainda que já se evidencie o impossível de escrever como real em jogo em qualquer estrutura clínica.

Para Lacan, quando de seu nascimento, a criança é confrontada com o desejo do Outro (materno), que significa suas experiências primárias. Ao grito da necessidade responde o desejo desse Outro nomeando a demanda para o *infans*, esse ser carente e, ao mesmo tempo, banhado de linguagem ainda sem uma articulação, sem leis. Na década de 70, Lacan denominou esse depósito de gozo – de onde se precipitam os significantes que serão posteriormente organizados segundo leis próprias – de *lalíngua*.

O trabalho de simbolização primordial desse caos originário tem em Freud sua matriz. Em 1920, a partir do automatismo da repetição da brincadeira de seu neto que tentava apreender o movimento de presença-ausência de sua mãe, conhecido como *fort-da*, Freud localizou um ponto de perda simbólica irrecuperável. É em torno dele que o movimento pulsional ganha sua propulsão. O sujeito repete atitudes, mesmo que elas o façam sofrer, para tentar apreender esse ponto, como o netinho de Freud que repetia a situação desprazerosa de perder/recuperar a mãe na brincadeira de lançar e recolher um carretel de linha, que a representava.

Essa presença-ausência materna aparece como dom e permite à criança simbolizar, a partir de seu desejo, a falta. Esta aparece na significação fálica, representação da ausência introduzida pela castração, como já falamos. Essa operação diz respeito à introdução de uma Lei interditora fundamental que impede ao filho ser reintegrado à completude com a mãe e à mãe fazer do filho seu falo. Sendo ser de linguagem, dividido, também a mãe é submetida a essa Lei, que transmite inconscientemente para o filho sob a forma da interdição paterna. Assim, o Nome-do-Pai elide o desejo da mãe, permitindo à criança nomear-se a partir do enigma que funda sobre seu ser: quem sou eu no desejo do Outro? A entrada do pai também diz respeito à abertura do desejo ao sujeito pelo consentimento com a experiência de satisfação com outros objetos, que não o interditado. Assim o pai, ao mesmo tempo, proíbe e dá, interdita e consente.

Trata-se, como se vê, de uma operação metafórica ao nível significante e que coloca esse *Nome* em substituição ao lugar primeiramente simbolizado pela operação da ausência da mãe. O Nome-do-Pai reduplica-se no lugar do Outro na medida em que constitui também a lei do significante.

$$\frac{\text{Nome-do-Pai}}{\text{Desejo da Mãe}} \cdot \frac{\text{Desejo da Mãe}}{\text{Significado para o Sujeito}} \rightarrow \text{Nome-do-Pai}\left[\frac{\text{A}}{\text{Falo}}\right]$$

Vimos que, quando ao apelo do Nome-do-Pai corresponde a carência do próprio significante no campo do Outro, ocorre a foraclusão. O significante do Nome-do-Pai é rejeitado simbolicamente e em seu lugar responde no Outro um simples furo. Esse furo provoca outro que lhe é correspondente, no lugar da significação fálica, pois não há o efeito de substituição do que recobriria a falta instalada pelo desejo materno. Não há metáfora.

Ora, é justamente aí que o objeto aparece de maneira diferenciada na psicose, exigindo trabalho. O sujeito advém, na psicose, no lugar do objeto para fazer sutura ao real, ele próprio, como forma de se sustentar na vida, de estruturar sua realidade psíquica. Na psicose, portanto, é o psicótico, com seu próprio corpo como aparato, que se localiza no lugar da abertura que seria obtida pela impossibilidade da linguagem de dar conta da realidade (objeto *a*). O psicótico não está fora da linguagem, mas se relaciona com ela de maneira particular, pois ela lhe é exterior.

A saída, nessa elaboração lacaniana de 1957 e 1958, constituída a partir do caso paradigmático de Schreber, é a metáfora delirante, que se constrói numa tentativa de suplenciar a metáfora inoperante do Nome-do-Pai. Vejamos como ela se estrutura, a partir do caso Schreber.

Daniel Paul Schreber foi um magistrado alemão (1842-1911). Já em idade madura, aos 42 anos, apresenta um quadro de hipocondria. Nove anos depois, seu quadro se agrava e sintomas paranoides (alucinações e delírios) surgem, evidenciando sua estrutura psicótica. Ele passa anos internado e perde a capacidade de gerir bens e imóveis. Perde a capacidade civil, o que o leva a escrever um livro sobre si próprio intitulado *Memórias de um doente dos nervos*. Nesse livro, usado como argumento na ação judicial que impetra requerendo de volta seus direitos civis e sua alta, Schreber expõe sua vida psíquica.

Descendente de família aristocrática, Schreber teve ancestrais que se destacaram na ciência e no direito. Sobremaneira seu pai, médico considerado um reformador na área da cultura física e da saúde, que exerceu influência duradoura e intensa no seu tempo ao criar um novo padrão de qualidade de vida. Há na Alemanha, até hoje, o Jardim de Schreber (*Schrebergarten*), que pode ser visitado como memória histórica do país. Aficcionado pela educação física e moral, o doutor Daniel Gottlieb Moritz Schreber – que aqui será denominado simplesmente dr. Schreber – inventou formas sofisticadas de tortura a serem aplicadas na educação infantil, maldisfarçadas sob a apresentação de um sistema ortopédico de criação. Esse sistema deu origem a um novo campo de saber, a educação física e seus correlatos. Dr. Schreber pregava um rígido esquema de adestramento a ser utilizado pela família já nas crianças recém-nascidas. E em diversas passagens de seus livros conta que se valeu desse esquema na educação dos próprios filhos.

As situações promovidas por seu método eram extremamente traumáticas e invasoras, motivo pelo qual pode-se admitir que tiveram relevância no suicídio do filho mais velho e na constituição do outro como psicótico. Verifica-se que essas vivências adestradoras eram excluídas de qualquer representação psíquica, devido ao excesso de tensão pulsional que acarretavam, pois reapareceram posteriormente, nos delírios de Schreber, como imposições externas e atrozes, insuportáveis.

Freud apresenta como cerne do conflito de Schreber sua relação com o pai – havia uma ambiguidade (amor × ódio) de afeto entre pai e filho. E também a personalidade despótica e autoritária do pai, o que trouxe reflexos na estruturação do filho. Formado em direito, é no momento em que este é convocado a ocupar o lugar de juiz presidente da Corte Superior de Apelos que se desencadeia sua psicose. Justamente quando é convocado a ocupar o lugar da

Lei máxima (simbolicamente o lugar de pai) que Schreber se desestabiliza. Estruturalmente, para ele é impossível ocupar esse lugar simbólico, pois ele não possui uma matriz em suas representações que o permita fazê-lo.

O amor conflituado (infantil) que Schreber tinha pelo pai surge em sua construção delirante como conflito com Deus. E isso não é por acaso. O desligamento dos objetos na psicose é acompanhado por um reforço de investimento das representações da palavra (ou representações verbais) dos mesmos, como já discutimos. Tendo o nome dos antecedentes (pai e avô) de Schreber o radical alemão *Gott*, que significa Deus, há um reinvestimento nessas representações através de sua atividade delirante. Se o pai, dr. Schreber, é um dos objetos libidinais mais desinvestidos em seu delírio, sua representação verbal, em contrapartida, é superinvestida, numa tentativa de recuperação do objeto. Daí Deus associar-se ao pai em seu delírio. É Freud quem explica que o que dita a formação substituta na psicose não é a semelhança entre as coisas denotadas, mas a uniformidade das palavras empregadas para expressá-las.

Também assevera a presença de fragmentos de lembranças de vivências do psicótico em seus delírios. O tema desses fragmentos permanece, muitas vezes, inalterado, mudando apenas sua localização no aparelho psíquico. Ou seja, através da projeção, o que foi vivido internamente retorna no delírio como se proviesse de fora, como ação imposta, sem sofrer mudanças. Os exemplos transcritos a seguir dos milagres sofridos pelo corpo de Schreber presentificam essa operação.

Em seus livros sobre puericultura, dr. Schreber recomendava que, por volta dos três meses de idade, deveria iniciar-se a higienização da pele pelo uso exclusivo de banhos frios para se obter um enrijecimento físico da criança já desde seus primeiros dias. Dizia que,

> embora fosse aconselhável administrar banhos quentes até a idade de seis meses, se poderia passar ao banho completo morno e frio, que deveria ser dado pelo menos uma vez por dia, preparando-se antes o corpo com aplicações locais de água fria.

Ora, referindo-se à sua infância, Schreber (filho) nos diz em seus delírios que milagres do calor e do frio foram e ainda eram dirigidos contra a sua pessoa, sempre para impedir o sentimento natural de bem-estar físico. Durante o milagre do frio, ainda segundo ele, o sangue seria expulso das extremidades causando uma sensação subjetiva de frio e, durante o milagre do calor, o sangue se dirigiria para seu rosto e sua cabeça. Como desde a juventude ele diz ter sido acostumado a suportar o calor e o frio, esses milagres não o incomodavam muito...

São também recomendações do dr. Schreber, o pai, o ato correto de se sentar e manter a postura. Em seus manuais, constava a orientação de que é

> preciso cuidar para que as crianças sentem sempre retas e sobre ambas as nádegas ao mesmo tempo, nem primeiro com a direita, nem primeiro com a esquerda. Assim que come-

> çarem a se inclinar para trás, é hora de mudar sua posição sentada para uma posição ereta absolutamente imóvel. É importante treinar crianças da idade de dois a sete anos para que adquiram postura absolutamente ereta e movimentos corretos, o que será mais difícil de conseguir com o passar do tempo. Quando as crianças estiverem cansadas, deve-se fazer com que se deitem. Mas se estão de pé e circulando por perto, devem ser forçadas a se manterem eretas enquanto andam, jogam e em todas as suas atividades. A melhor forma de se fazer isto é mandá-las deitar apenas com os pés e a cabeça apoiados cada um em um móvel logo que se comportem de modo relaxado ou preguiçoso, mesmo que seja por alguns minutos (como um castigo).

Desse método, Schreber (filho) nos fala em seu delírio sobre o *milagre-do-cóccix*.

> Sua intenção (dos raios divinos) era fazer com que sentar ou mesmo deitar fosse impossível. Não me era permitido ficar muito tempo na mesma posição ou na mesma ocupação. Quando eu andava, faziam com que me deitasse, somente para logo depois me tirarem da posição inclinada quando me deitava. Os raios [Deus] pareciam não ter qualquer compreensão de que um ser humano – já que realmente existe – tem de estar em alguma parte. Eu tinha me tornado uma pessoa desagradável aos raios fosse qual fosse a posição ou postura em que estivesse ou atividade que desenvolvesse.

Em um de seus livros, o dr. Schreber insiste em toda sorte de exercícios oculares durante a infância, incluindo a rápida mudança da atenção visual, forçando-se a criança a focalizar objetos, observar pequenos detalhes, fazer comparações entre objetos e avaliar distâncias. No livro de seu filho Schreber, colhemos o seguinte trecho.

> Assim que o inseto aparece, um milagre dirige os movimentos dos meus olhos. Eu não tinha mencionado esse milagre antes, mas ele foi efetuado durante anos. Afinal de contas, os raios desejam ver constantemente aquilo que lhes agrada. Meus músculos oculares são, portanto, influenciados para se moverem numa direção em que meu olhar tenha de incidir sobre coisas recentemente criadas ou sobre um ser feminino.

Dr. Schreber também criou aparelhos ortopédicos para tratamento e prevenção de problemas anatômicos. Um deles consistia numa barra de ferro, em forma de T, que era acoplada a uma mesa. A criança deveria sentar-se e apoiar seu peito de encontro ao aparelho. Essa posição garantiria a manutenção constante da postura ereta.

Outro aparelho era o *suporte de cabeça*, uma espécie de capacete formado por tiras de couro, metal e fivelas. Atado em volta da cabeça da criança por algumas horas, facilitaria o adequado crescimento do crânio, da mandíbula, queixo e dentes. O próprio dr. Schreber percebia os reflexos doloridos do uso desse aparelho, motivo pelo qual indicava seu uso por, no máximo, uma ou duas horas.

Os delírios de Schreber nos dão testemunho dessa e de outras situações extremamente desagradáveis.

> Um dos mais horríveis milagres que sofri era o chamado milagre-da-compressão-do-peito, que consistia no esmagamento de todo o peito, até que a opressão resultante da falta de ar fosse transmitida a todo o meu corpo. Depois do milagre-da-compressão-do-peito, o mais abominável milagre era a máquina-de-amarrar-a-cabeça. Comprimia minha cabeça como se estivesse em um torno que se fecha por meio de um parafuso, deformando-a temporariamente, fazendo com que assumisse uma forma alongada, quase como uma pera. Tinha um efeito extremamente ameaçador e era acompanhado por muitas dores. Os parafusos eram temporariamente afrouxados, mas só de modo muito gradual, de maneira que em geral o estado de compressão durava mais algum tempo.

Schreber, o filho, também afirma, em consonância com a teoria freudiana, que nada é mais claro em sua vida do que as lembranças dos milagres que sofreu. Ainda que as pessoas tendam a ver neles o produto de uma mente patológica, diz ser difícil esquecer as vivências que sentiu em seu próprio corpo.

Essas significações culminam com uma experiência de emasculação, através da qual Schreber ganha, delirantemente, um corpo feminino. O ápice de sua construção é a certeza de – e o consentimento em – ser a mulher de Deus para com Ele criar uma nova raça. Lacan fala de um horror inicial de Schreber à ideia de ser mulher, que acaba sendo aceita quando tal ideia se torna um compromisso razoável. Ao final, ela assumirá o status de decisão irreversível de uma assintótica – porque sempre apontada para o futuro – cópula com Deus para que uma nova humanidade seja criada.

Esses são alguns dos muitos exemplos que Schreber nos dá de seu processo de restabelecimento pela via delirante. Não há uma operação de recalque em seu caso, e sim uma rejeição das representações inconscientes de lembranças aflitivas. É como se elas não existissem para ele: afeto e representação são rejeitados. Quando constrói seu delírio está, portanto, tentando falar da existência de sua história, que não é subjetivada, escrita, mas permanece no registro do real. Nem sempre, porém, um delírio faz a função de metáfora e localiza o sujeito diante do Outro. Assim, com o psicanalista francês Jean-Claude Maleval, podemos decantar, da construção delirante que ganha o estatuto de metáfora, ao menos quatro lógicas:

1) *Deslocalização do gozo e da perplexidade angustiante* quando se dá o desencadeamento a partir de uma ruptura na cadeia de sentido, provocando uma autonomia do significante (automatismo mental, segundo o psiquiatra francês Gaëtan Gatian de Clérambault). A perplexidade advém justamente do fato de o sujeito não se sentir autor de seus próprios enunciados. A consequência dessa experiência de autonomia do significante no real é a deslocalização do gozo, provocando fenômenos diversos sobre o corpo do psicótico, agradáveis ou penosos, voluptuosos ou agôni-

cos, ou mesmo hipocondríacos. No caso Schreber, vemos sua manifestação em sua primeira crise, em 1893, ao apresentar um esgotamento nervoso no qual surgem queixas hipocondríacas. Somente em 1894 aparecerá uma significação enigmática em torno da ideia, nascida em 1893, de que seria belo ser uma mulher no momento da cópula.

2) *Significação do gozo deslocalizado*, que implica um trabalho de mobilização do significante pelo psicótico na busca de uma explicação para os fenômenos que o invadem. Em Schreber, essa primeira explicação aparece na acusação que formula de um complô que estaria sendo tramado por seu médico, dr. Flechsig. Essa explicação não apazigua Schreber, ao contrário, deixa-o à mercê de um Outro todo-poderoso. Daí a busca de uma nova explicação, encontrada no fato de que fora o próprio Deus que assumira o papel de cúmplice, e mesmo de instigador, na conspiração em que sua alma deveria ser assassinada e seu corpo usado como o de uma rameira.

Aí surge um *compromisso razoável*, característica marcante dessa segunda fase. É o sacrifício da morte do sujeito, tomado por Lacan como renúncia fálica, marcando a reversão da posição inicial de indignação de Schreber, que passa a aceitar a eviração (transformação do corpo masculino em feminino), porque servidora dos desígnios de Deus. Em Freud, encontramos uma interpretação diferente, a saber, a de que Schreber teria transferido a figura do pai para seu médico, Flechsig, e deste para Deus. Tratar-se-ia do complexo paterno de Schreber, revelado em seu delírio.

3) *Identificação do gozo do Outro* assentado num significante. No caso de Schreber, tratava-se de ser a *mulher de Deus*. O gozo do Outro, a partir de então, se encontra identificado, nomeado. Porém, a aceitação da feminilização progressiva de Schreber não implicou o desaparecimento do sentimento de que uma violência lhe estava sendo infligida. A diferença é que agora, no delírio, os perseguidores se encontravam identificados.

4) *Consentimento ao gozo do Outro*, que se refere ao consentimento com a nova realidade construída a partir da certeza delirante de que um saber fundamental foi adquirido. Em Schreber, esse saber aparece como advindo do Todo-Poderoso e é acompanhado de construções fantásticas e temas megalomaníacos. Maleval, em sua análise do caso, localiza essa última fase do delírio de Schreber em 1897, quando seu drama se torna o motivo futuro de uma redenção interessante do universo e sua feminilização delirante culmina na eviração, seguida pela fecundação por meios divinos com o objetivo de gerar novos homens, de uma raça superior, feitos do espírito de Schreber. A convicção desse tema fantástico aumenta na medida em que diminui o sentimento persecutório.

Assim, podemos dizer que são condições de possibilidade da metáfora delirante: a) a presença da atividade delirante; b) o trabalho de localização delirante do gozo do Outro, através de uma operação de redução significante; c) o consentimento com a experiência de gozo aí nomeada.

Maleval ainda destaca que muito raramente se atinge esse nível de elaboração delirante em termos de metáfora, acontecendo, no mais das vezes, uma tentativa desordenada de construção ou mesmo apenas uma defesa paranoide. Além disso, como nos lembra o psicanalista belga Alfredo Zenoni, a conclusão de uma metáfora delirante, como qualquer trabalho de elaboração simbólica, deixa um resto inassimilável que pode aparecer sob a forma de um gozo suplementar. Com isso, instala-se o risco de uma passagem ao ato ou de uma nova desestabilização quando de sua conclusão. Dessa maneira, o cálculo clínico quanto ao delírio na direção de um tratamento deve considerar esse risco. Muitas vezes, também o delírio dificulta e faz obstáculo à construção de enlaçamentos sociais na psicose, devendo ser contornado.

A discussão das soluções na psicose pela via do sentido, do delírio, ganhará uma nova conformação com a introdução da noção de letra, como aquilo que abole a referência ao símbolo. É esse o aspecto que Lacan destaca de sua releitura do caso Schreber, em 1966. A experiência enigmática central de Schreber seria a de constatar que todo não-sentido se anula. É mais o não-sentido que pode vir a se abolir na experiência de seu delírio e menos a construção de um novo sentido que ali se instala. Construção que deve mais à escritura e à letra do que à fala e à linguagem e que se esforça em ser para si mesma sua própria referência. Nesse sentido, um psicanalista estudioso do tema, o francês Éric Laurent, propõe que o trabalho delirante poderia ser concebido como a construção de um fundamento *autofundante*. Na década de 50, Lacan acreditava haver um fundamento, o Nome-do-Pai, na qualidade de significante inicial de toda uma série lógica e articuladora da linguagem para cada sujeito, inserindo-o na norma gramatical e social. O delírio, alcançando o status de metáfora, operaria o mesmo efeito de organização.

Ao final de seu ensino, Lacan reinterpreta a função do delírio e verifica que, nele, o que conta é a escrita do sujeito, é a fundação de um referente em torno do qual o sujeito pode se escrever para o Outro. Assim, ele trata da escrita da letra com a ajuda da letra até que ela possa abolir o símbolo, e assim realmente elevá-lo a uma nova potência. É isso que tornará sua coexistência compatível com a ausência de suporte, não de um discurso estabelecido, mas de nenhum Nome-do-Pai estabelecido.

Nesse ponto, Lacan insere a ideia de que são possíveis diferentes relações com a linguagem, advindas de variadas articulações dos três registros que conformam a realidade psíquica para cada sujeito. Essas articulações entre os três registros – real, simbólico e imaginário – podem se realizar prescindindo-se do Nome-do-Pai, desde que o sujeito suplencie ou invente outro recurso que sustente esse enlaçamento. Trata-se de amarrações aos moldes da matemática dos nós, de enlaçamentos que atam e que respondem à carência do ser de linguagem, qual seja, ao fato de que entre a coisa em si mesma, seu traço e sua representação restará sempre um indizível.

A representação nunca alcança a experiência. A pulsão escreve seus caminhos pelo corpo, não sendo completamente redutível à palavra. Assim, quando Lacan relê o fenômeno das frases interrompidas em Schreber remetendo-o à escrita do nó, e não mais aos fenômenos de código e de mensagem, ele localiza aí o desencadeamento provocado por uma desamarração – isto é, provocado pelo fato de não ser mais capaz de suprir o que manteria articulados ou atados os registros real, simbólico e imaginário.

Com tudo isso, podemos dizer que, no tocante às estabilizações psicóticas, a metáfora delirante nos evidencia a possibilidade de um trabalho de simbolização. Diz respeito, porém, a um trabalho sobre o significante que, adquirindo valor de inscrição primária, funda uma referência em torno da qual o sujeito se localiza no discurso do Outro. Com a metáfora falamos de uma operação de linguagem, e não de uma extração real, como no ato. O aspecto criacionista aqui aparece na invenção de uma nova significação designando o ser do sujeito, operando como um referente.

Estabilização psicótica e obra

É somente quando se dedica a estudar a função da escrita para Joyce que Lacan trará perspectiva nova à discussão das estabilizações nas psicoses. Tornou-se consenso entre os psicanalistas ler a criação artesanal ou eventualmente artística do psicótico como possibilidade de extração real do objeto do campo do Outro – não realizada pela castração –, com a consequente localização do gozo no produto ali extraído. Assim, o psicótico localizaria o gozo fora do corpo, no caso da esquizofrenia, ou fora do campo do Outro, no caso da paranoia, ou deslocado do objeto-dejeto, alvo da identificação maciça na melancolia. Em quaisquer desses casos, teríamos uma extração e um produto que se endereçariam ao outro, favorecendo, pois, o laço social.

Pensando a questão a partir da proposta de Lacan na década de 70, podemos dizer, de outra maneira, que a noção de estabilização para a psicanálise ganha novo sentido ao ser articulada entre o real e o simbólico, ou, melhor dizendo, naquilo que o simbólico tem de real, ponto limite de inscrição da pulsão. Se a década de 50 trouxe a primazia do simbólico a partir da articulação significante da metáfora delirante enquanto solução na psicose, já deixa entrever um excesso incontido como real que Lacan desenvolverá na década de 60 enquanto objeto *a*. Esse desenvolvimento será essencial para o estabelecimento da ideia de uma estratégia suplementar na estabilização, a suplência como modo de tratamento daquilo que do real resta sem tradução. Para abarcar essa nova perspectiva, Lacan introduz as noções de *letra* e de *lalíngua* e constata, no final de seu ensino, a existência de um gozo suplementar.

No início de seu trabalho de transmissão e teorização, ele desenvolve sua clínica e seu aporte teórico apoiado na linguística estruturalista de Ferdinand de Saussure. Nesse período, o aforismo do *inconsciente estruturado como uma linguagem* orienta seu trabalho. Este decorre de uma interpretação própria dos preceitos estruturalistas. Para Saussure, a linguagem possui duas grandes vertentes de estudo. A primeira, essencial, que tem por objeto a *língua*, social em sua essência e independente do indivíduo. E outra, secundária, que tem por objeto a parte individual da linguagem, a *fala*, inclusive a fonação.

A fala (*parole*) é sempre individual e executada pelo indivíduo que é dela senhor, dependendo de um ato de vontade e inteligência. A língua, por sua feita, diz respeito a um tesouro depositado pela prática da fala em todos os indivíduos pertencentes à mesma comunidade. Ela implica um sistema gramatical que existe virtualmente em cada cérebro, ou melhor, nos cérebros de um conjunto de indivíduos. Trata-se das convenções adotadas pelo corpo social.

O elemento *minimal* da língua é o signo linguístico, produto da associação entre um significante e um significado. As imagens acústicas, os *significantes*, ligam-se a conceitos, chamados *significados*. A produção da significação não se concentra no signo linguístico, mas nas associações entre os signos. Daí a importância da cadeia significante na produção do sentido.

Saussure pressupõe ainda duas grandes características no signo linguístico: a arbitrariedade e a linearidade. A arbitrariedade explica a relação entre imagem acústica e conceito, ou entre significante e significado. O laço que une o significante ao significado é arbitrário, no sentido de o significante ser imotivado em relação ao significado.

Já o caráter linear do significante implica a relação que motiva o modo de produção da significação. Trata-se da teoria do valor em Saussure. Sendo de natureza auditiva, a linearidade desenvolve-se no tempo, representando uma extensão mensurável em uma dimensão, ou seja, é uma linha. Os significantes acústicos dispõem da linha do tempo, seus elementos se apresentam um após o outro, formam uma cadeia. É o que vem depois na cadeia significante que determina o sentido que o signo adquirirá.

Posteriormente, outros linguistas, em especial russos, avançariam na teorização da linguística estrutural. Para nossos fins, vale a pena resgatar o destaque do fonema na associação significante e também a composição dos dois grandes eixos de articulação do signo: o eixo sincrônico e o eixo diacrônico. O eixo diacrônico pode ser articulado à dimensão temporal, tal qual acabamos de expor em relação à linearidade da cadeia na articulação significante, enquanto o eixo sincrônico corresponde à associação dos elementos em justaposição temporal, implicando a substituição de um por outro e, consequentemente, a produção de um novo sentido.

Lacan se apropria da teoria linguística de Saussure invertendo a relação significante-significado no signo linguístico. Para ele, o significante arbitra, é ele o elemento determinante na articulação do sentido. Lacan entende a arbitrariedade em Saussure como a não existência de uma relação fechada entre significante e significado. E, retomando os princípios freudianos de funcionamento do inconsciente – em especial a condensação (metáfora ou sincronia) e o deslocamento (metonímia ou diacronia) – dá-se conta da determinação do significante no fato psíquico de apreensão da realidade.

Ele ainda aponta o significante como pura diferença e atesta que, sendo vazio, só pode ser significado por outro significante, que se lhe opõe, o que verifica a determinação *a posteriori* do sentido. Além disso, sendo a via de manifestação do inconsciente, implica a veiculação do gozo, decorrendo de seu deslizamento o movimento pulsional. A pulsão tem dois caracteres: a energia pulsional e seu representante representativo. Como este habita o inconsciente, que é composto pelos significantes, conclui Lacan que o significante veicula gozo. Os pontos de estofo são aqueles em que uma parada na produção de sentido se verifica.

Ele também introduz a ideia de um uso particular da linguagem, e nela, da associação entre significante e significado, ao verificar que há uma contingência determinante nessa associação. Um mesmo significante escreve diferentes conotações conforme o sujeito que dele faz uso e, nessa escrita, articula uma dimensão do gozo. O significante articula, portanto, uma escrita inconsciente única para cada sujeito. O discurso, entre a língua e a fala, é aquilo que particulariza o uso universal da linguagem. Por isso, a interpretação analítica é sempre realizada para o sujeito que está sendo escutado, não podendo ser generalizada para outros. Daí também decorre a ideia de que, na psicose, há uma articulação que rompe com essa modalização lógica do sentido na linguagem.

Em outras palavras, o que escutamos tem a ver com a realidade psíquica, com a articulação do significante no discurso, e não com o signo em si mesmo. Como o que está no horizonte do sujeito é a satisfação e como a via que o ser falante tem para realizar essa satisfação passa, inevitavelmente, pela linguagem, seu embaraço reside justamente no ponto em que, não sabendo nomear a satisfação, ela se torna traumática; ela excede a capacidade de significação do aparelho linguístico. É esse excesso que denominamos "o sexual" em psicanálise. É dele que tratamos.

O tratamento desse excedente foi justamente o que Lacan circunscreveu com a formulação do objeto *a* na década de 60. Enquanto a cadeia significante se articula logicamente a partir da tentativa de extração de sentido do campo do Outro, o que resta sem significação opera, ao mesmo tempo, como o que coloca em ação seu deslizamento. Ou seja, o que fica como resto fora do alcance da cadeia significante e sem significação é, ao mesmo tempo, o que causa o movimento de seu deslizar na busca da produção de sentido. É porque não consigo explicar o que sou que preciso falar de mim.

E é porque se fala que o objeto *a* ganha sua consistência lógica. Ele é o que se desenha como o impossível de dizer. Trata-se de um resto, no sentido de resto por dizer, e também trata-se de uma causa, no sentido de nunca darmos conta de nossa origem, de responder ao enigma do que somos para o Outro. É por isso que o objeto *a*, como semblante, tem seu lugar entre o simbólico e o real.

O objeto *a* foi uma elaboração lacaniana da década de 60. Trata-se de uma elaboração simbólica do real, daquilo que, na fantasia, toma o lugar do real, mas é apenas um véu. Sua função específica é complementar a referência negativa do sujeito, sua falta-a-ser. O objeto *a*, como consistência lógica, está apto a encarnar o que falta ao sujeito. É o semblante de ser que a falta-a-ser subjetiva convoca. É por isso que o objeto *a* como consistência lógica é próprio para dar seu lugar ao gozo interdito, ao objeto perdido.

Assim, a extração do objeto *a* é apenas um outro nome para a castração. Na psicose, a não incidência da castração seria a responsável pela consistência do objeto que se manifestaria, por exemplo, nos olhares que se alucinam ou na multiplicação de vozes que se escutam. O Outro na psicose sabe, tem existência real e, por isso, persegue, ama, modifica o corpo do psicótico, altera sua vontade, impõe-lhe pensamentos.

Se o neurótico trabalha a partir das palavras, extraindo um gozo a mais na produção analítica sob a forma lógica do objeto *a*, que queda excedente ao final de uma análise, poderíamos supor, com o aporte teórico da década de 60, que na psicose seria preciso extrair do campo do Outro esse gozo excessivo que invade o psicótico. Nesse sentido, a solução, enquanto trabalho de estabilização na psicose, poderia se valer de diferentes expedientes, isolados ou conjugados, tais como ato, obra, metáfora delirante, identificação, transferência.

Na década de 70, já no final de seu ensino, Lacan não está mais falando em representação de um significante para outro significante, tendo o sujeito como efeito, tal qual na metáfora paterna neurótica da década de 50, orientada pela primazia do simbólico. A constatação clínica de uma dimensão indomável pela linguagem ganha peso no final do ensino lacaniano. Como articular o gozo nessa ótica? Lacan passa a tomar a linguagem como articulação possível decorrente de um estado caótico originário. A linguagem faz trauma ao entrar no campo depositário de gozo – *lalíngua* – e dele extrair os significantes para se compor. *Lalíngua* introduz uma outra satisfação, um gozo que é da ordem da pulsão. A linguagem torna-se uma elucubração débil face a esse gozo.

Lacan vai, inclusive, falar que as saídas do ser falante se colocam entre a debilidade (decorrente da estruturação do inconsciente como linguagem) e a psicose (invenção que prescinde dessa ordenação). Ele passa de uma abordagem do caráter diferencial e linear do significante para outra na qual o signo é tomado em seu valor identitário. A disjunção entre significante e gozo ganha nova configuração. O gozo determina a escrita da letra e do significante. Lacan nos fala, quanto à letra, em litoral entre real e simbólico, em rasura inaugural (uma espécie de rasura sem escrita que a anteceda) e em suporte para o pensamento, para o significante. Ponto que, tocado, desloca e cria uma nova relação. Não seria aí que se revelaria o ineditismo de algumas criações psicóticas estabilizadoras?

Afirma, com esses elementos novos – como *lalíngua*, *falasser* e *letra* no contexto de uma certa "linguística lacaniana" –, a debilidade do humano em dar conta do real pela linguagem, com a consequente fundação do inconsciente. Essa debilidade aponta para a dificuldade de se lidar com o corpo (o imaginário) e com o real. Nessa ótica, o inconsciente seria uma doença mental. Ao mesmo tempo, seria o engano, o tropeço, aquilo que permitiria a produção no mental de sentidos diferentes, de novas configurações como forma de resposta ao mal-estar produzido por essa dificuldade. Interessante aqui ressaltar que a debilidade é do mental, portanto, de todo ser falante. A solução ao embaraço colocado pelo trauma da linguagem exige uma resposta singular de cada um, que pode ou não contar com o Nome-do-Pai. Esse elemento agora se torna um articulador e não mais um ponto essencial da estrutura.

Lacan, no seminário que profere nos anos 1976 e 1977, diz que o inconsciente e o pensamento seriam tomados no nível dessa relação difícil entre o corpo e o simbólico, que ele nomeia de mental nesse período. O inconsciente estaria no nível do mental, da debilidade que afeta esse mental enquanto necessidade de saber, elucubração advinda do fato de *não se saber fazer com*. O inconsciente comparece como saber com o qual o sujeito, em sua debilidade mental, não consegue operar. Ele não fica à vontade com ele. Ele não sabe fazer com (*faire avec*) o saber. É essa sua debilidade mental.

Por isso, a psicose seria uma saída mais inventiva no sentido de constatar a falência do simbólico e ainda assim criar uma solução singular para tratar dessa carência, comum a todo ser falante. As soluções encontradas pelo psicótico não se resumiriam tão somente a consequências negativas da falta do Nome-do-Pai, mas seriam soluções positivas, invenções por parte do sujeito para lidar com o que retorna no real sem significação. O significante tornado real encontra-se isolado, não reenvia a outro significante, implicando um trabalho em outro plano, qual seja, o da *lalíngua*.

Acompanhar o "autotratamento" do psicótico, seja para prolongá-lo, seja para desviá-lo, convocaria o saber psicanalítico e o reformularia. Tal é o exemplo, trazido por Zenoni, de uma jovem melancólica que se mutilava em tentativas de suicídio com pedaços de vidro encontrados no lixo. A partir da ideia de colar esses pedaços de vidro do lixo numa superfície e fazer disso uma espécie de espelho, criação que tomava uma dimensão estética estabelecendo entre ela e o lixo uma certa distância, as passagens ao ato cessaram. São intervenções ou construções como essas que conectam o real e o simbólico. Daí a importância do endereçamento do produto criado, pois mesmo que o sujeito nada tenha a dizer sobre o objeto produzido, o fato de que ele é endereçado a alguém coloca-o em pauta numa relação onde o que é criado pode ser lido.

Podemos, desta feita, situar os efeitos da criação artística na dobradiça real-simbólico, na perspectiva pulsional da construção, da escrita de uma nova solução, gerando efeitos sobre a posição de gozo do psicótico. Podemos também destacar o lugar de endereçamento do trabalho, a ser avaliado quando da criação de um produto com valor estético e de venda, posto que ele traz consequências concretas diferentes conforme seu status para o sujeito.

A função da criação na psicose, mais especialmente da obra, foi amplamente discutida por Lacan. Convidado por Jacques Aubert, especialista em James Joyce, a comentar seus escritos, Lacan decide dedicar um de seus seminários ao autor irlandês. Assim, durante o ano letivo de 1975-76, em Paris, profere o seminário *O sinthoma*, no qual propõe que Joyce teria prescindido da função do Nome-do-Pai como conector ao inventar, através de sua obra, uma outra maneira de articular os três registros. Nesse sentido, sua obra teria realizado essa função através de duas vertentes: 1) uma na qual o endereçamento de seu texto aos universitários faria as vezes de sintoma a ser decifrado; e 2) outra na qual extraía, da própria escrita, uma forma de gozo que prescindia da função significante, simbólica. Verifiquemos o desenvolvimento dessas proposições lacanianas.

Podemos dizer que, ao tomar o caso de Joyce em estudo, Lacan afirma um trabalho sobre o real do gozo que não implica necessariamente uma "apropriação simbólica" ou uma "construção significante" que faz borda ao impossível de dizer, como sugere a metáfora delirante. Ele estaria mais próximo do ponto limite entre real e simbólico, mais próximo da noção de letra que da de significante. Na falta da queda do impossível de apreender na forma de objeto *a*, Joyce teria criado, ele próprio, um campo de ausência – como na neurose o real instalaria – a partir do qual o gozo pode ser depositado.

Essa é a novidade. Lacan não fala de complemento ao que não operou, mas de suplemento ao que, para todos, falha. Esse suplemento pode fazer suplência ao Nome-do-Pai ao criar um falso furo que enlaça os dois registros, simbólico e real, como se fossem círculos entrelaçados. Ao mesmo tempo, não é furo nem de um, nem de outro. Somente quando atravessado pelo campo do imaginário, do qual o falo é o organizador, o furo ganharia corpo. Entendendo-se que o real não é exatamente um terceiro termo, mas o resultado de uma maneira específica de enlaçar os registros, de tal forma que, desfazendo um, todos se desatam.

O real é sempre um pedaço, um caroço em torno do qual o pensamento borda, mas ele, como tal, não se liga a nada, é incorpóreo. A consistência Lacan a localiza no corpo, a partir da incidência do objeto *a* e do traçado que, sobre o gozo, ele realiza. E o que faz laço com a consistência do corpo é o inconsciente, estrutura simbólica de articulação. Nós não podemos atingir senão pedaços do real. Se ele, porém, é atingido, um novo simbólico se forma, uma nova e inédita forma de relacionar-se com o real se realiza, como através da escrita realizada por Joyce.

Essa nova escrita, que porta o objeto *a*, segundo Lacan, é responsável pela função de amarração. Lacan denominou essa função de *sinthoma*, com *th*, para marcar a diferença em relação ao sintoma tradicional. Ela pode ser realizada através de diferentes recursos. O que caracteriza sua operacionalidade é o fato de atar os três registros de maneira a obter como resultado um nó borromeano conhecido por sua propriedade matemática de, ao ter um de seus elementos desamarrado, os outros se desatarem.

Ora, é justamente daí que se extrai a riqueza dessa transmissão lacaniana: quanto ao *sinthoma*, essa construção singular do sujeito, esse suplemento que articula os três registros, não há nada a fazer para analisá-lo, decodificá-lo. Ele cifra o gozo e não, ao contrário, o nomeia e desvenda. Ele condensa pelo des-sentido. Ata onde um erro de amarração não sustenta a articulação dos três registros – como faz o Nome-do-Pai enquanto *sinthoma* neurótico por excelência. Lacan, nesse seminário, chega mesmo a falar sobre esse ponto em relação à função da arte ou do artesanato. "O problema todo reside nisto – como uma arte pode pretender de maneira divinatória substancializar o sinthoma em sua consistência, mas também em sua ex-sistência e em seu furo?"

Para ele, a consistência equivale ao registro do imaginário; o furo, ao simbólico; e a ex-sistência, ao real. Os registros foram mostrados por Lacan na forma de círculos ou aros que se entrelaçam. A mostração, na matemática, é a maneira de apresentar o desenho de um caso único e possível, diferente da demonstração, que mostra os casos genéricos e os impossíveis. Assim, Lacan diz ter descoberto a realidade operatória da análise com a aplicação do estudo dos nós ao psiquismo humano. Ele faz vários desenhos de nós representando os diferentes recursos que Joyce desenvolveu com sua escrita. E que podemos estender aos casos que atendemos na clínica para pensar a direção do tratamento analítico para eles.

Assim, sobre a lógica fundada na matemática do nó borromeano, Lacan infere a construção do *sinthoma* em Joyce, que realiza, pela escrita, o nome próprio, sem o apoio do Nome-do-Pai. Do Nome-do-Pai se pode também prescindir. Pode-se também prescindir dele com a condição de dele se servir. Assim, a hipótese de sua escrita como *sinthoma* surge e ganha evidência. Fazer enigma, desejar um nome que seja lembrado, ser artífice que sabe fazer *sinthoma* fez de Joyce paradigma de uma modalidade de solução na psicose: a obra, pelo viés da escrita.

Ele o fez a partir de um percurso particular no caminho encontrado para lidar com a demissão paterna. O pai de Joyce delegou sua função de nomeação, deixando o filho com os jesuítas para que fosse educado. Ele se colocou como irmão de Joyce, como aquele que tudo deve compreender, personalidade a quem o filho não deve temer. E, dessa maneira, deixou vazia sua função de transmissão de um nome, como atesta o trecho de um seus escritos:

> Stephen seguia seu caminho ao lado de seu pai. Escutando histórias já ouvidas... Ele ouvia a voz de seu pai: "Eu te falo como amigo, Stephen. Fazer gênero de pais rígidos não é comigo. Eu não creio que um filho deva temer seu pai. Não, eu te trato como teu avô me tratava quando eu era menino. Nós éramos dois irmãos, mais que pai e filho. Eu não me esquecerei jamais a primeira vez em que ele me surpreendeu fumando. Ele não disse uma palavra."

Sua obra permite também uma outra interpretação pela via do gozo. Trata-se aqui do gozo extraído de um *sinthoma* desabonado, não tributário do aparato semântico que é o inconsciente, como já vimos. E se refere a uma certa maneira de lidar com o real. Joyce, ao escrever, gargalhava numa espécie de gozo autista indecifrável. Nele podemos identificar o *sinthoma* em seu puro valor de uso, desprendido da fantasia e do gozo, que seriam extraídos da ficção simbólica que o sujeito constrói para fazer existir uma consistência que justifique sua existência. Nessa via, Joyce trabalha diretamente no real da letra.

Extrai seu gozo de uma experiência que não é abonada pelo inconsciente.

Em outras palavras, deixa de gozar de seu inconsciente, desamarrando-se, por meio da pulsão de morte, de uma montagem significante que, através de um significante-mestre, S_1, poderia tê-lo mantido subsumido a uma representação que o representasse para o Outro. O significante-mestre é aquele que apresenta simbolicamente o sujeito. Deixa, assim, reinar uma pura produção de gozo no que sua escrita cifra, sendo impossível restituir-lhe o sujeito como efeito de articulação. "Em outras palavras, o sujeito é dividido pela linguagem como em toda parte, mas um de seus registros pode satisfazer-se com a referência à escrita, e o outro, com a fala", como nos permite pensar Lacan, em 1971.

Segundo ele, o *sinthoma* é sempre um elemento suplementar. No caso de Joyce, inventado por ele para se haver com a demissão paterna. Se apenas simbólico e real se encontram atados (e entrelaçados), é preciso um novo movimento do sujeito para que amarre o imaginário que se encontra solto. O *sinthoma* é o efeito desse movimento de escrita que se faz índice, cifra. Invenção suplementar sobre um lapso na amarração dos registros. Sobre essa escrita, sempre traumática, Lacan nos fala, nesse seminário dedicado a Joyce:

> Que a gente esteja deitado ou de pé, o efeito de cadeia [nó] que se obtém pela escrita não se pensa com facilidade ... Considero que ter enunciado, sob a forma de uma escrita, o real em

> questão tem o valor do que chamamos geralmente um trauma. … Digamos que é o forçamento de uma nova escrita …

Essa nova escrita não floresce unicamente pelo que faz sentido (imaginário), mas, antes, pelo que suporta o sentido e a ele dá sustentação. Trata-se, pois, de uma invenção, de uma nova forma de o sujeito suportar a realidade sem o recurso ao Nome-do-Pai. Que seja preciso a escrita para dela extrair o *objeto a* muda completamente o sentido da escrita, o sentido do que está em jogo. Assim, "a letra, nesse caso, apenas testemunha a intrusão de uma escrita como outro [*autre*] com um pequeno *a*. … A escrita em questão vem de um lugar diferente daquele do significante", nos ensina Lacan. A escrita ganha autonomia em Joyce. Ela é um fazer que dá *suporte* ao pensamento. Parece se tratar de letra que codifica o gozo. Parece-nos que é a esse fenômeno que Lacan se refere ao falar de arte ou artesanato. A partir de um quarto elemento, Joyce inventa um nome assentado sobre sua obra que articula os três registros.

Após o comentário sobre Joyce feito em *O Seminário*, livro 23, por Jacques Aubert, Lacan pôde nomear aquilo em que Joyce confiou, mais que em seu Pai, para se sustentar, a saber, seu *sinthoma*. As epifanias, em seus escritos, traduziriam esse momento em que o gozo efetivamente se adensa, passando Joyce a confiar nele. O psicanalista Ram Mandil nos esclarece que

> coletadas em cadernos, as epifanias joycianas são pequenos fragmentos de texto, isolados de um contexto narrativo, ocor-

rendo invariavelmente na terceira pessoa e transmitidas em tom impessoal, estático, o que permitirá seu enxerto posterior ao longo das obras de Joyce.

São fragmentos de discursos nos quais o sem sentido reluz, segundo outra estudiosa da psicose, a psicanalista francesa Colette Soler. As epifanias funcionam de modo autônomo no texto joyciano, isoladas de qualquer contexto ou, em termos lacanianos, como significantes puros, isolados de toda significação, de todo encadeamento de sentido, donde provém seu caráter condensador e nonsense.

Pela escrita, Joyce consegue metaforizar sua relação com o corpo. Lacan destaca essa dimensão no episódio de *Finnegans Wake* em que, apanhando de seus colegas, Joyce sente seu corpo soltar-se como uma casca. E disso ele não extrai gozo. O interessante mesmo não são as metáforas que ele emprega, mas o fato de que algo realmente cai, solta-se de seu corpo como uma casca. Lacan nos relata que é como alguém que coloca *em parênteses*, que expulsa *a má lembrança*, ou seja, que faz *sinthoma* numa dimensão que está para além do símbolo. Podemos dizer com Mandil que, com a análise do caso de Joyce, Lacan passa da obra como expressão de um sintoma à obra como *sinthoma* sem expressão, ou melhor, da obra como símbolo de um sintoma à obra como *sinthoma* sem símbolo.

Nessa terceira possibilidade de estabilização, portanto, parece-nos que Lacan dá um passo largo ao incluir a letra e o que ela traz de irredutível, bem como ao evidenciar o vazio de significação que habita a própria linguagem, exigindo do enigma que dela nasce a interposição de uma invenção como resposta. É sob essa perspectiva que o campo das estabilizações pode se valer desses desenvolvimentos lacanianos. O que faz cifra opera sobre o gozo e indica uma direção para o tratamento das psicoses.

Finalmente, de toda a discussão aqui empreendida, podemos concluir que são variadas as saídas construídas pelos psicóticos em seu tratamento, e também fora dele. Ao psicanalista, médico, trabalhador da saúde mental ou equivalente cabe reconhecer o estilo de suas respostas e apostar naquilo que, do sintoma, edifica o sujeito no laço com o mundo. Afinal (e se começamos com Clarice Lispector, por que não terminar com ela?), "não pense que uma pessoa tem tanta força assim a ponto de levar qualquer espécie de vida e continuar a mesma. Até cortar os próprios defeitos pode ser perigoso – nunca se sabe qual é o defeito que sustenta nosso edifício inteiro..."

Referências e fontes

A citação de Clarice Lispector transcrita na Introdução foi tirada de *Água viva* (Rio de Janeiro, Artenova, 1973). Já a que fecha a seção "Estabilização psicótica e obra" está em *A paixão segundo GH* (Rio de Janeiro, José Olympio, 1977).

Os dados dos casos Aimée e irmãs Papin foram extraídos do livro de Jacques Lacan *Da psicose paranoica e suas relações com a personalidade* (Rio de Janeiro, Forense Universitária, 1987), e do livro de J.-D. Nasio *Os grandes casos de psicose* (Rio de Janeiro, Zahar, 2001).

Todos os textos de Freud referenciados neste livro encontram-se na Edição Standard da *Obra psicológica completa de Sigmund Freud – ESB* (Rio de Janeiro, Imago, várias eds.). Os dados sobre o caso Schreber foram extraídos, essencialmente, de "Notas psicanalíticas sobre um relato autobiográfico de um caso de paranoia (*dementia paranoides*)" (*ESB*, vol.12, [1911]). E as referências ao Homem dos Lobos, de "Da história de uma neurose infantil" (*ESB*, vol.17, [1918]).

As referências ao tratamento psicanalítico e à transferência na obra de Freud encontram-se em: "O inconsciente" (*ESB*, vol.14, [1915]), de onde foram tiradas as citações das p.14 e 17, além da primeira citação da p.18; e "A dinâmica da transferência" (*ESB*, vol.12, [1912]), de onde foi tirada a segunda citação da p.18. A citação da p.20 está em "Luto e melancolia" (*ESB*, vol.14, [1917]); e a da p.26, em "O Moisés de Michelangelo" (ESB, vol.13, [1913]).

Na p.22, a citação de Lacan sobre a liberdade que Freud se deu ao tomar o louco como sujeito e não como deficitário foi extraída de "Apresentação das memórias de um doente dos nervos", in *Outros escritos* (Rio de Janeiro, Zahar, 2003, p.220). O esquema L, de Lacan, apresentado na p.33, foi retirado de "De uma questão preliminar a todo tratamento possível da psicose", in *Escritos* (Rio de Janeiro, Zahar, 1998, p.555), assim como as duas citações transcritas na p.38-9 (p.572 e 584, respectivamente).

A discussão sobre foraclusão desenvolvida na seção "A psicose em Lacan" foi retirada do livro de Solal Rabinovitch *A foraclusão: Presos do lado de fora* (Rio de Janeiro, Zahar, 2001). Os comentários de Paul Bercherie sobre Lacan, mencionados na seção "Estabilização psicótica e ato", estão em seu livro *Os fundamentos da clínica: História e estrutura do saber psiquiátrico* (Rio de Janeiro, Zahar, 1989). Nessa mesma seção, a discussão da passagem ao ato foi apoiada no artigo de Colette Soler "El trabajo de la psicosis", in *Estudios sobre las psicosis* (Buenos Aires, Manantial, 1990, p.15-20).

As quatro lógicas da metáfora delirante, apresentadas na seção "Estabilização psicótica e metáfora delirante", estão no livro de Jean-Claude Maleval *Logique du délire* (Paris, Masson, 2000). E as referências a Alfredo Zenoni se encontram no periódico *Abrecampos*, vol.I, n.0 (Belo Horizonte, Instituto Raul Soares, 2000). Todas as citações da seção "Estabilização psicótica e metáfora delirante" foram tiradas do livro de William Niederland *O caso Schreber: Um perfil psicanalítico de uma personalidade paranoide* (Rio de Janeiro, Campus, 1981). As referências à linguística estrutural de Ferdinand de Saussure têm como base o seu *Curso de linguística geral* (São Paulo, Cultrix, 2006).

Na seção "Estabilização psicótica e obra", a citação de Lacan da p.73 e as duas últimas citações da p.75-6 foram tiradas, respectivamente, das p.38, 126-7 e 141 de *O Seminário*, livro 23, *O sinthoma* (Rio de Janeiro, Zahar, 2007). Já a primeira citação da p.75 foi extraída de *Outros escritos* (Rio de Janeiro, Zahar, 2003, p.24). Do próprio Joyce, utilizamos *Um retrato do artista quando jovem*, com tradução de Bernardina Silveira Pinheiro (São Paulo, Siciliano, 1992). A citação de Ram Mandil na p.76-7 está em *Os efeitos da letra: Lacan leitor de Joyce* (Rio de Janeiro, Contra-Capa, 2003, p.124-5). Os comentários sobre o objeto *a*, na mesma seção, foram inspirados em Jacques-Alain Miller, *Matemas I* (Rio de Janeiro, Zahar, 1996).

Leituras recomendadas

Sobre o ato na psicose, consultar, de Maria Cristina Bechelany Dutra, *As relações entre psicose e periculosidade: Contribuições clínicas da concepção psicanalítica da passagem ao ato* (São Paulo, AnnaBlume, 2003).

Sobre a metáfora delirante, acompanhar Jacques Lacan em *O Seminário*, livro 3, *As psicoses* (Rio de Janeiro, Zahar, 1985), bem como o texto que lhe é correlato: "De uma questão preliminar a todo tratamento possível da psicose", in *Escritos* (Rio de Janeiro, Zahar, 1998).

Sobre o caso Daniel Paul Gottlieb Schreber, vale a pena ler o manuscrito do próprio autor: *Memórias de um doente dos nervos* (Rio de Janeiro, Graal, 1985).

Freud fala da dificuldade de estabelecimento do laço transferencial e do modo de funcionamento do inconsciente na psicose no texto "O inconsciente" (*ESB*, vol.14, [1915]). Dedicou-se a pensar a psicose (paranoia) como uma das defesas à castração, ao lado da histeria e da neurose obsessiva, já em seus primeiros escritos: "Esboço H" [1895] e "Esboço K" [1896], em "As psiconeuroses de defesa" (*ESB*, vol.3, [1894]), e "Notas adicionais sobre as psiconeuroses de defesa" (*ESB*, vol.3, [1896]). Na "História clínica de Schreber" (*ESB*, vol.13, [1911]), traçou a diferença entre enfermidade e tentativas de restabelecimento nas psicoses. Depois, com o texto "Sobre o narcisismo: uma introdução" (*ESB*, vol.14, [1914]), avançou na formulação do mecanismo de defesa na psicose, permitindo uma releitura do caso Schreber. Segue um período de produção sobre a metapsicologia, em 1915, em que encontramos referências teóricas importantes sobre a representação da coisa e da palavra na esquizofrenia, no já citado "O inconsciente" (*ESB*, vol.14, [1915]), e também sobre o recalque primevo, no texto "Recalcamento" (*ESB*, vol.14, [1915]), além de considerações relevantes sobre o supereu e a melancolia, no artigo "Luto e melancolia" (*ESB*, vol.14, [1917]). A partir de então, os escritos nos quais mais se dedica ao tema das psicoses são "Neurose e psicose" e "A perda da realidade na neurose e na psicose" (ambos em *ESB*, vol.19, [1924]), apontando o caminho de reconstrução da realidade nas duas estruturas clínicas.

Sobre Joyce, conferir: *Joyce avec Lacan*, de Jacques Aubert (Paris, Navarin, 1987); *Os efeitos da letra: Lacan leitor de Joyce*, de Ram Mandil (Rio de Janeiro, ContraCapa, 2003); *Os escritos fora de si: Joyce, Lacan e a loucura*, de Sérgio Laia (Belo Horizonte, Autêntica, 2001); *Como se chama James Joyce: a partir do seminário Le Sinthome de J. Lacan*, de Roberto Harari (Rio de Janeiro/Salvador, Companhia de Freud/Ágalma, 2002); *Perspectivas do Seminário 23 de Lacan – O sinthoma*, de Jacques-Alain Miller (Rio de Janeiro, Zahar, 2009).

Sobre obra e psicose, conferir, de Fabienne Hulak, *La lettre et l'oeuvre dans la psychose* (Ramonville Saint-Agne, Érès, Col. Des Travaux et des Jours, 2006).

E sobre a psicose, de uma maneira geral: de Pierre Naveau, *Les psychoses et le lien social: Le noeud défait* (Paris, Anthropos, 2004), e de Colette Soler, *Estudios sobre las psicosis* (Buenos Aires, Manantial, 1990); *A psicanálise na civilização* (Rio de Janeiro, ContraCapa, 1998), com uma parte dedicada ao estudo da psicose de Jean-Jacques Rousseau; e o mais recente, *O inconsciente a céu aberto da psicose* (Rio de Janeiro, Zahar, 2007). No cenário nacional, Antônio Quinet dedicou livros ao tema, como *Teoria e clínica da psicose* (Rio de Janeiro, Forense Universitária, 1997) e *Psicose e laço social* (Rio de Janeiro, Zahar, 2006), além de organizar coletâneas, como *Extravios do desejo*: *depressão e melancolia* (Rio de Janeiro, Rios Ambiciosos/ContraCapa, 1999); *Psicanálise e psiquiatria*: *Controvérsias, convergências* (Rio de Janeiro, Rios Ambiciosos/ContraCapa, 2001); e *Na mira do Outro: A paranoia e seus fenômenos* (Rio de Janeiro, Rios Ambiciosos/ContraCapa, 2002). Também vale a pena conferir o livro de Marco Antonio Coutinho Jorge *Fundamentos da psicanálise de Freud a Lacan – Vol.2*: *A clínica da fantasia* (Rio de Janeiro, Zahar, 2010), quanto à diferença entre delírio (psicose) e fantasia (neurose).

Sobre a autora

Andréa Máris Campos Guerra é psicanalista, pesquisadora e professora na Universidade Federal de Minas Gerais (UFMG). Doutora em teoria psicanalítica pela Universidade Federal do Rio de Janeiro (UFRJ), com *études approfondies* na Universidade de Rennes II, na França, pesquisa há anos o tema das psicoses, tendo, em sua tese de doutorado, discutido a criação artística como possibilidade de suplência. Atualmente dedica-se também à pesquisa sobre jovens envolvidos com a criminalidade. Possui vários artigos publicados em revistas especializadas e co-organizou diversos livros, dentre eles: *A clínica de crianças com transtornos no desenvolvimento*: *uma contribuição no campo da psicanálise e da saúde mental* (Belo Horizonte, Autêntica, 2003), com Nádia Laguárdia de Lima, e *Clínica e inclusão social*: *novos arranjos subjetivos e novas formas de intervenção* (Belo Horizonte, Edições do Campo Social, 2003), com Jacqueline Moreira e Betânia Gonçalves.

E-mail: aguerra@uai.com.br

Psicanálise **PASSO-A-PASSO**

- **O adolescente e o outro**
  Sonia Alberti
- **Mito e psicanálise**
  Ana Vicentini de Azevedo
- **Sonhos**
  Ana Costa
- **Édipo**
- **Psicanálise com crianças**
  Teresinha Costa
- **Freud: criador da psicanálise**
- **Lacan, o grande freudiano**
  Marco Antonio Coutinho Jorge e Nadiá Paulo Ferreira
- **A sublimação**
  Orlando Cruxên
- **Freud e a religião**
  Sérgio Nazar David
- **O conceito de sujeito**
  Luciano Elia
- **A teoria do amor**
  Nadiá Paulo Ferreira
- **Histeria: o caso Dora**
  Nadiá Paulo Ferreira e Marcus Alexandre Motta
- **A interpretação**
  Laéria Fontenele
- **Freud e a cultura**
  Betty Fuks
- **Política e psicanálise**
  Ricardo Goldenberg
- **A psicose**
  Andréa M.C. Guerra
- **Angústia**
  Sonia Leite
- **Linguagem e psicanálise**
  Leila Longo
- **Para que serve a psicanálise?**
- **A transferência**
  Denise Maurano
- **Depressão e melancolia**
  Urania Tourinho Peres
- **Feminino/masculino**
  Maria Cristina Poli
- **Os outros em Lacan**
  Antonio Quinet
- **A neurose obsessiva**
  Maria Anita Carneiro Ribeiro
- **Arte e psicanálise**
- **Cinema, imagem e psicanálise?**
  Tania Rivera
- **Trauma**
  Ana Maria Rudge
- **A paixão**
  Marcus André Vieira
- **Educação e psicanálise**
  Rinaldo Voltolini